「これからの世界」を生きる君に伝えたいこと

Message to you
"For you who will live this future world."

京都精華大学 学長
ウスビ・サコ Oussouby SACKO

大和書房

はじめに
自分の核を見失わずに、変化し続ける

最近、私が外国出張から日本に帰国するとき、日本の税関でパスポートを提示したら、おかしな質問をされました。

「エイリアンカードは？」

「いえ、持っていないです」

「え？　日本には何日滞在する予定ですか？」

「知りませんよ」

明らかに職員はイライラしています。ずいぶん時間が経ってから、私が日本国籍であり、所持しているのが日本のパスポートだと気づいて、やっと状況を理解してくれました。

多彩な国々の人と接する仕事をしている人でも、時として、外見などの先入観で判断してしまう典型的な事例といえるでしょう。

そして、これからの不確実で多様化していく世界では、いずれなくなっていく光景であるとも思います。


はじめまして、私はウスビ・サコと言います。

２０１８年から京都にある京都精華大学という大学の学長をしています。

専門の研究分野は、「建てる前にどういう建築にするのか」を考える「建築計画」です。教室を設計する際、学生が実際にどのような姿勢をとって座るのかによって、椅子の間隔が決まります。そういったことを考えていくのが建築計画ということです。

そして、**私の故郷は、アフリカ大陸の西側に位置するマリ共和国という国です。**

マリについてご存じのことはありますか？

「名前くらいは聞いたことがある」という人はいるかもしれません。

１９６０年9月22日にフランスから独立して誕生した、比較的若い国です。国土の約3分の2はサハラ砂漠（サヘル）が広がっており、残りはサバンナ（熱帯草原）に属しています。

人口は1854万人（2017年）ですから、東京都と大阪府の人口を足した程度しかいない一方、国土は日本の3倍ほどあります。

実は「マリ」というのは、日本語で動物の「カバ」を意味します。その中でも、私は「ワニがいる川」を意味する「バマコ」という土地に生まれました。

だから、私のプロフィールを日本語でまとめると「カバ共和国ワニ川市出身」となります。


いかがでしょうか？

マリに対して、少し興味を持っていただけたでしょうか？

普段から馴染《なじ》みのない外国の話は、もしかしたら雑学と思われるかもしれません。しかし、これから、いえ、すでに今も様々な国の人たちが日本に住み始め、そして働いています。

これまで全く縁のなかった国で生まれ育った人たちと、ともに暮らしていく「多様性」の社会になり始めているのです。

そうした中で、**多様な文化、考え方というものを持つことは、必須になっていくことでしょう。**外国で暮らし、働きたいなら、その傾向はなおのこと顕著《けんちょ》です。

振り返ると、これまで私はいろいろな経験をしてきました。

社会や人間について深く考えるようになったのは、マリの外に出てからです。

マリには、成績の良い人材をセレクトして、国の奨学生として外国に送る制度があります。その奨学生に選ばれた私は、高校を卒業後、中国に渡り、北京で中国語を1年間学びました。

それまで、私はマリという国の優等生として、自尊心を持ちながら生きてきました。

もちろん、母国の歴史にも誇りを抱いていました。

こんなこと言うと、いかにも嫌みな感じですが、マリの中では比較的恵まれた環境に育ち、学業も猛勉強していたので、それなりに自信を持っていたわけです。

ところが、**いざ外国に出てみたら、そういった尊厳がすべて崩れ落ちる経験を余儀《よぎ》なくされたのです。**

最初のショックは、留学のためにマリを出た初日にやってきました。中国に向かうのに先立ち、フランスのパリに2～3日滞在する機会があったのですが、そこで街を歩くうちに違和感に気づきました。

現地で道路やトイレを清掃しているのは、アフリカ系の移民ばかり。**若い私は、同胞たちが、わざわざパリに移住してトイレ掃除に従事しているなどとは、まったく想像していませんでした。**

どうやらパリでは、アフリカ系の人たちが低賃金で苦しい生活を送っているようなのです。

「こんな理不尽って、許されていいのか」

今から考えれば、そうやって掃除をしている人たちにも、母国に送金して子どもを育てるなどの事情があったのだとわかります。

しかし、学生だった私はそうしたことを考える余裕もなく、同じ祖国を持つ自分が全否定され、丸裸にされたようなショックを受けました。

初めて自分の限界を感じ、アイデンティティが無視され、尊厳がゼロになったような気がしました。

これを世間では「カルチャーショック」と呼ぶのでしょうが、私にとっては

「ヒューマンショック」と呼ぶに等しいほど、人間としての価値観を揺さぶられる一大事でした。

「自分は本当に人間なんだろうか。人間として認められているのだろうか」

たった数日の滞在でしたが、拭《ぬぐ》いきれない大きな疑問を抱いて呆然としていたのを記憶しています。

中国に渡ってからも、さまざまな偏見や誤解にも直面しました。

「君の国では、木の上で生活しているの？」

そんな質問を受けるのは日常茶飯事《にちじょうさはんじ》でした。中国だけが特別だったわけではなく、日本でも似たような経験を何度もしています。

そんな経験をして良かった、とは言いません。

ただ、「自分自身が認められるにはどうしたらいいか」を考えて行動する大きなきっかけになりました。

思えば、私は失われた誇りを取り戻すために、今までがむしゃらに生きてきたのかもしれません。

1991年、日本に移り、半年ほど日本語を勉強してから京都大学大学院工学研究科に進学。2001年から京都精華大学の人文学部で教えるようになりました。

長年、日本の教育に関わるようになって、特に課題とされているのが、「学生たちがグローバル化された社会をどう生きていくか」ということです。

グローバル化は、辞書的に言えば「ヒト・モノ・カネ、そして情報が国境を越えて自由に行き来すること」です。

そこでは一国だけの価値観は通用せず、あらゆるものが国境を越えて交錯《こうさく》する中で、世界基準に合わせて考えていくことが求められます。

ですが、私が必ずお伝えしたいグローバル化の大前提は、**「グローバル化」と「国際化」は異なる**ということです。

国際化は「国対国」あるいは「一国対複数国」の関係を表すものであり、20世紀型のつながりと言えます。

一方、グローバル化では国家間の関係ではなく、基本的に私たち「個」が中心となります。

個と個が関わっていくのが21世紀型のつながりであり、グローバル化の本質とも言えるでしょう。

その中で、多様性（ダイバーシティ）にも注目が集まっています。「多様性」は性別、人種、国籍、宗教、年齢、学歴、職歴といった多様性を活用するという文脈で使われている言葉です。

ポイントとなるのは「個」であり、個と個がいかにして違いを認めて共生していくかが問われています。


この本を手に取ってくださったみなさんは、これから生きていく中で、グローバル化や多様性、そして不確実性と向き合うのを避けて通れないことでしょう。

ただし、日本社会では多様性が認識されていないのは事実です。また、グローバル化が浸透していないのも事実です。

例えば、私が住む京都の街を歩いていると、時折「民泊反対」の張り紙を目にします。近年、中国人やヨーロッパ人などの外国人が京都の民家を購入し、自分はそこに住まず、Airbnbなどを通じて民泊として提供する流れが増えているからです。

反対している住民にとっては、それが「なんだか怖い」と感じるのです。まるで自分たちが支配されるような恐怖感を覚え、拒否反応を示しています。

これを別の角度から捉えれば、コミュニティが弱体化していることの表れであると解釈できます。外国人が入ってきても共存する自信があるコミュニティでは、わざわざ民泊に反対する理由がありません。

つまり、今民泊に反対しているまちは、異文化を受け入れるだけの基盤が失われてしまっています。こうしたコミュニティの再生も、日本が抱える課題であると言えるでしょう。


一方で、日本の国会答弁などを聞いていると、「日本語と日本文化の素晴らしさを教えていけば、外国人労働者を受け入れ、共存していくことは可能だ」などと発言している政治家がいます。

美しい話のように聞こえますが、私は、間違っているというより危険な認識だと思います。

日本に先んじて外国人労働者を受け入れてきたドイツの人たちと話をすると、彼らは「言葉が通じなくて困る」「習慣が自分たちと違いすぎる」というような感想を口にします。

「最初は労働力だけが欲しかったけど、実際には人間が付いてきた」とはスイスの作家、マックス・フリッシュの弁ですが、無機質な労働力だけが日本にやってくるわけではありません。

〝人間〟は、異なる価値観、宗教、そして文化を持っています。**働きに日本へ来る外国人たちは成人しているのですから、日本語や日本文化を教えたからといって、彼らの価値観が根こそぎ変わるはずがないのです。**外国人の「日本人化」を目指しても、本当の意味で日本のグローバル化は果たせません。

異なる背景を抱える人間をどう認め、どう受け入れていくか。

これこそが、いま私たち個人のなかで重要になってくる課題なのです。

私が地方や他地域に行くと、外国人技能実習生を受け入れている企業の担当者や地域の方々からこんな言葉を聞きます。

「せっかく仲良くなろうと思って、一生懸命日本料理を作ってあげたのに、彼らは全然食べへん」

確かに、日本の文化を知ってもらうことは非常に重要です。

では、彼ら実習生がどのような味を好むのかを、果たして考えたことがあるのでしょうか。

仲良くなりたい場合、彼らの祖国の食材を揃えて、彼らの好きな料理を楽しむことも、同じくらい重要なのではないでしょうか。

そうやって異文化を受け入れ、まちのスーパーに見たことのない食材が並ぶようになり、日本人もときどき口にする経験を通じて、社会も個人も豊かで多様性に満ちたものになっていくのです。

異なる文化を持つ人から学ぶことで、自分も進化できる。このように意識を変えることが、自分の可能性を広げることにつながります。

グローバル社会に生きることは、世界の潮流に飲み込まれて同化することとは異なります。

本書でお伝えしたいことはたくさんあります。

そのなかで、特に強調したいキーワードがあります。私が人文学部の学部長時代にも使った言葉で、学部執行部が学生たちを外国のフィールドプログラムに送り出すために重視し、指標にもしていた考えです。

それは**「メタモルフォーゼ」**、日本語に訳せば「変身」「変化」です。私なりの言葉にするならば、

「核となる自分自身を保ったまま、社会に適応した自分をつくっていく」

「中身を維持したまま、外側を変化させていく」

というように表現できるものです。

メタモルフォーゼは、私自身の大きな核となる言葉でもあります。

私は、日本国籍を取得した日本人ではありますが、決して日本に同化をしてきたわけではありません。

アイデンティティはマリ人のまま、日本社会の中で適応できる人間として自分をつくってきたつもりです。

異なる社会・文化と関わるにあたって大事なのは、「全く異なる視点を持っている自分」を維持すること、そして相手も同様だという認識です。

人は同化して流されてしまうと、その社会や文化を客観的に見られなくなり、結果的にその社会や文化に対して価値を与えられなくなります。

自分が、「自分」であり続けることが、外国へ行った時に、非常に大きな意味を持つのです。

日本人がアメリカなどの外国に行ったケースを考えてみましょう。

語学や知識はもちろん、持っているに越したことはありません。表面的にはどうかすることもあるでしょう。しかし、どんなに頑張っても、その土地で生まれ育った人たちには感覚的なところでなかなかかなわないでしょう。

それよりも、「日本人の自分ならどう考えるか、どう変えるか」が、相手にとって新鮮であり、インパクトがあり、なによりも自分の価値になるのです。

日本のアイデンティティを維持しつつ現地社会に適応することで、はじめて外国の地で確固たる地位を築けるようになります。

「メタモルフォーゼ」という考え方を重視してきた背景には、私がマリという国に生まれ育ち、日本で暮らすようになった経緯があります。

日本での暮らしで言葉や文化の壁にぶつかるたびに、私は何度となく、

「マリとはどういう国なのか」

「自分が大切にしている文化、価値観とはどういうものなのか」

といったことを自問自答する機会がありました。さらにいえば、日本に住んだおかげでマリについてより深く知ることができたわけです。

だから、私はグローバル化の中で世界に打って出ようとする日本の若者たちに、繰り返し強調して話しています。

「皆さんは、日本人であるという足元を大事にしてください。

日本の、あるいは自分が生まれ育った地域について十分に理解することが重要です。

日本文化にこだわりを持ち、知識を身につけてください。

グローバル化の中でくれぐれも自分を見失わないでください」

「メタモルフォーゼ」の中には、「成長」という意味も含んでいると考えています。

来日して29年が経ちましたが、マリ人という芯を失わず、一方で自分を成長させな

がら生きてきました。たとえるなら、青虫がさなぎになり、蝶へと羽化するイメージです。形こそ、成長につれて変わってきたものの、DNA自体が変化することはありません。

「ブレない自分を保ちながら、自分自身を成長させていく」

これが、不確実なグローバル社会で生きていくときの基本スタンスだと考えています。

本書では、若い人たちに向けて、「これからの世界」を生きていく上でのヒントを、私の経験をもとにお話しししていくつもりです。

「これから世界に身一つで勝負に出たい」
「日本にいるけど、様々な国籍、人種がないまぜになった環境にいる」
「グローバルとか多様性とか、なんだかわからないし、不安」

どのような心境・状況であれ、みなさんは可能性に満ちています。

本書が、その可能性を開花させることに役立つなら、これ以上嬉しいことはありません。
皆さんの将来が素晴らしいものになることを心から期待しています。

2020年4月

京都精華大学　学長
ウスビ・サコ

「これからの世界」を生きる君に伝えたいこと　目次

第1章 不確実で多様化する世界で、どう生きるのか？

第2章 多角的でブレない価値観を築く「学び」

第3章 人種・文化を越える「コミュニケーション」

第4章 激変し続けるグローバル社会で「働く」

第1章

不確実で多様化する世界で、どう生きるのか？

「今、自分は本当に自由なのか」と問いかける

私は大学で「自由論」というテーマの授業を受け持っています。主に1、2年生が受講する授業です。その初回で、このような問いかけをしました。

「君たちは、本当に自由なんだろうか？」

世界の近代史を振り返ると、自由を求める大きな動きは1950年代と1960年代の何度かにわたって起こりました。

一つは植民地支配からの解放を求める運動です。大航海時代からの西欧諸国の植民地主義により、20世紀までにアジアやアフリカの多くの国が植民地化されました。

しかし第二次世界大戦後は、世界の各地で脱植民地化の動きが大きなうねりを見せるようになります。また、1955年にインドネシアで行われた第1回アジア・アフリカ会議（バンドン会議）が、その象徴的な出来事です。

1960年代になると、フランスをはじめアフリカやアメリカ、日本を含むアジアなど各地域で、政治や経済の支配からの自由を求める学生運動が頻発しました。近代の国家の統治システムに反対する運動が盛り上がるようになりました。

さらに、人種の自由と権利を求め、アメリカ各地ではアフリカ系アメリカ人の公民権運動が行われました。そのリーダーであったキング牧師が暗殺された1968年は、京都精華大学ができた年と同じです。

これが自由を求める大きな動きです。

これら三つの運動をひもとくと、個人の自由にはほとんど言及されていないということに気づきます。

当時の人たちが求めていたのは、人種や社会といった集団の自由でした。

例えば、ある人種が別の人種に支配されている、あるいはある社会階層の人が別の階層の人から支配されている状況を打破しようとしていました。そのため、自由を求める運動も集団的な行動が主でした。

結果として、50年代の自由を求める運動はある程度は目標を達成したものの、60年代の運動では、思うような成果は得られませんでした。当時要求された自由がかなえられたかというと、むしろ断念した部分が大きかったのでは、と私は解釈しています。

ただ、集団の自由が断念された一方で、その後は「個」の存在が徐々に肥大化してきました。日本でも、それまで家族や学校や会社などの組織を中心に形成されてきた社会が、次第に個を中心として形成されるようになりました。

皆さんも知っている通り、現代社会では、一人で楽しめるサービスや製品が増え、一人でも生活できるような社会システムが構築されています。

今、私たちの社会は、個が中心となっています。

個と個は決して孤立しているわけではなく、ゆるやかなコミュニティを形成しています。

卑近な例を挙げれば、秋葉原のゲームセンターでは、50代のおじさんがゲームの上手い小学生を師匠と崇めるような関係を私は知っています。この小学生はおじさんを支配しているわけでも、自由を奪っているわけでもありません。

彼らは、個と個のまま彼らなりのマナーのもと、自然なコミュニケーションを取っています。

似たような関係を、きっと体験しているはずです。

このゆるやかなコミュニティは、ＳＮＳを通じて世界的に展開されているのです。

年齢や住んでいる地域などあらゆる要素に縛られない、自由な関係ともいえるかもしれません。


では、私たちは今、本当に自由なのか。

私は、「自由だ」と断言できないと感じています。

現代は誰かが誰かの自由を奪う時代ではなく、自分の行動によって自由が奪われてしまう時代、自分で自分を縛る時代です。

私が若かったころは、何の予定もなく退屈極まりない空白の１日みたいな時間が存分にありました。

「今日は暇だから、映画館をハシゴでもしよう」

そんなふうに気ままに過ごすのが当たり前でした。

ところが、今の学生たちを見ていると、私の学生時代と比較して、明らかに忙しそうに過ごしています。

彼らは、時間の空白ができるのを怖がり、何かの予定で必死に埋めようと焦っています。「充実した一日を過ごすことが正しい」と言わんばかりに、何もしていないと不安を感じてしまうようなのです。

どうしてそこまで焦りや不安を感じているのか。

大きな背景として、若い世代の人たちは、社会から常にマーケットバリュー、つまり自分の市場価値を問われていることがあります。

「あらゆるマーケットの中で、自分の価値を示さなければいけない」

そのプレッシャーに追い立てられるように、彼らは常にさまざまな経験を求めます。

先日、訪ねたあるお寺の人がとても不思議がっていました。

「最近、高校生や大学生から、お寺でボランティアをしたい、という問い合わせが殺到しているんですけど、何かあったんですか？」

理由を考えると、受験や就職でボランティア経験が評価されることを期待して、みんな一斉に飛びつくわけです。

つまり、**「自分が何をしたいか」ではなく、「自分は何を求められているか」を基準に、自分の行動を決めているのです。**

それは、本当に自由なのでしょうか。

たとえマーケットバリューを高めたからといって、その人自身の内面、いわゆるヒューマンバリューが高まるわけではありません。

私は、学生に「ヒューマンバリューこそ高めなければいけない」とよく話をします。みんなマーケットの評価に合わせて生きているのです。

マーケットバリューを高め続けたところで、本当に目指している目標や成果にたどりつくのは困難です。若い世代の人たちが幻想的に抱いている世界や将来の自分は、おそらく到来せず、まるで別方向にたどり着くのでは、と危惧もしています。

そもそも、自由とは、与えられるものではありません。

マーケットの期待に応え続ければ、得られるものでもありません。

自由は、自分で獲得し、管理・運営していくものです。

もっと言えば、**世の中に認めてもらえる力をつけるのではなく、自分たちが世の中の仕組みを変える力をつけることが重要です。**

では、どうすれば世の中を変えるだけのヒューマンバリューを身につけられるのか。

それには、教養知を高める必要ですが、あらゆる場所でグローバル化が進む世界では、なによりも異なる人を知ろうとする姿勢、つまり「多様性」を持ち合わせることが求められます。

「何が自分にとっての自由か」

「今やっていることは、自分の価値観に基づくものなのか」

このことを、常に考えていくことが、今後ますます重要になっていくことでしょう。

分断の次に求められるのは「つながり」

私たちが生きる現代社会は、都市化が進む中で、ひたすら個人の自由・自立を追求し続けてきました。

私が専門にしている建築の話で言っても、昔の家の空間構成は一つの大きな部屋で家族のあらゆる生活が共有されて行動していました。プライバシーなどなくて当たり前の時代です。

やがて日本では「リビング」「寝室」などに空間がドアや壁といったしきりによって細かく分断され、１９７０年代頃からは子ども部屋が割り当てられるようになりました。

「家族といえども、プライバシーは尊重されなければならない」

「一人部屋のほうが勉強に集中できるし、自立心も養える」

そんな理屈で、家族を個人に分ける動きが加速しました。

技術革新もその流れを後押しします。

授業などで日本の昭和時代の生活様式を振り返ってみたことがあります。

例えば、かつて電話機は玄関口にあるものと相場が決まっていました。

昭和を代表するアニメ「サザエさん」を見てもらえればわかる通りです。「電話をする＝外界とつながる」という認識が、玄関に電話機を置く発想に象徴されていたわけです。

しかし、時代とともに電話機はリビングへと置き場を変えていきました。やがて子ども部屋に子機が置かれるようになり、今や一人ひとりがスマートフォンを持つのが当たり前となっています。

子ども部屋の厚い壁の向こうで、我が子がどこの誰と交信しているのか、同じ家に居ながら親はまったく関知できない。

これが今という時代です。

家から一歩外に出ても個人を対象としたサービスやスペースがふんだんに用意され

ています。

お一人さま用のカラオケや漫画喫茶、テーブルに仕切りのあるラーメン店、パーティションで区切られた職場など、ありとあらゆるところに「個人化」が浸透しています。

日本政府が目指す新たな社会像である「Society 5.0」というものがありますが、個人の自立や個性を重視するという意味では、現在の延長線上にあります。

一方で、社会を見渡すと、個人化の揺り戻しとして、誰かとつながりたいという欲求が顕在化しています。

個人化が進んだ結果、私たちは本能的な恐怖感を覚えるようになっているのでは、と思うのです。

動物は群れながら生きる特性があります。他者への依存は、生存確率を高める上で欠かせない要素です。

人間も、本能的にそうしたつながりを欲しているのでしょう。

一方では自立を求めながらも、実は他者に依存したほうが生きやすいことに多くの人が気づいています。

近年のシェアハウス、シェアカー、シェアオフィスなど、「共有」の原理をもとにしたビジネスが成長してきたのがその表れです。

個の自由を尊重する分断が進んだ結果、皮肉なことに共有へと社会が変化してきました。

「そこまで個人化する必要はない」

「適度にみんなとつながったほうがいい」

と主張する声が出てきたわけです。

ただし、共有といっても、かつての大家族の時代とは異なり、「個人ありき」の共有が志向されています。

昔は個人が保証されないまま、他者とのつながりだけが要求されていました。

しかし、**現代は個人が保証された上で、部分的に何かを共有する社会へと向かっています。**

いま現在のグローバル社会は国、民族、宗教などで「分断」という言葉が大きく叫ばれる憂慮すべき事態が起こっています。

けれども、時代は確実に生活共同体、共通の経済的・社会的・文化的ニーズを満たす自発的なコーペラティブの社会へとシフトしています。

手にしたいと思う自由も、きっとその延長線上にあるのではないでしょうか。

無意識の優越感から抜け出す

先日、私は「WAKAZO」という団体が主催する「inochi Mirai Forum 2019」というイベントに、ゲストスピーカーとして招待される機会がありました。WAKAZOは、2025年に大阪で開催される大阪・関西万博を通じ、関西で新しいイノベーションを起こす拠点になることを目指す学生団体です。

そのとき、壇上で発言をしていたある医学生が、堂々と将来の構想を語っていました。その学生によると、彼らには大阪に最先端の医療拠点を作り、医療問題を解決する場にする夢があるのだそうです。

若者が夢を持つのは素晴らしいことです。私は彼らが夢に向かって努力するのを素直に応援したいと思います。率直に期待をしています。

ただ、話を聞いていて「世界」という言葉が何度となく登場したことで、私はちょっとした違和感も覚えました。

「世界の人々が大阪に来て医療を学ぶようになります」

「私たちは苦しんでいる世界の人々を救いたいのです」

彼らにとって救うべき「世界」とは「途上国」を意味し、そこに自分たちが暮らす日本は含まれていないのです。

これは、多様性を重視するグローバル社会で、大きな「落とし穴」になりかねない視点です。

どうして「世界」に日本が含まれていないのか。

それは、日本が先進国であり、「すでにあらゆる問題が解決している」と信じているからです。

アフリカから日本へ来て長いこと暮らす私からすれば、それはすこし違うのではないかと思います。

かつてポーランド出身でイギリスの学者であるブロニスワフ・カスペル・マリノフ

スキが始めたとされる文化人類学の研究が初期のとき、研究者は「未開の地を理解しにいく」スタンスでフィードワークを行っていました。

背景には、「自分たち」と「未開の地」を隔てる価値観があります。彼らにとって研究すべき世界とは、自分たちとは別の世界だったのです。

私がＷＡＫＡＺＯの学生たちに感じたのも、この種のニュアンスでした。「日本の医療は優れていて、世界の人たちは病気のリスクにさらされている。だから、日本は世界を救わなければならない」

こういう主張が成立するのは、**自分と「世界」の間に隔たりがあるから**です。なにも彼らが悪いわけではありません。こうした「落とし穴」は、いまや世界のどこにでも存在しています。

世界のどこかで問題が生じたとき、それが世界中に波及しかねない時代に私たちは生きています。

ある国で異常気象が起こったとしましょう。その異常気象はその国にだけ被害を及ぼすわけではなく、世界各地に波及する可能性があります。もちろん日本にも影響を与えるおそれがあります。

世界の問題と日本の問題は、「地続き」になっていると捉えるべきです。医療問題に関しても、例えばエボラ出血熱は、最初に感染が報告されたアフリカ中央部の国だけの問題と言えるでしょうか。エイズは、最初に発生した国だけで解決すべき問題なのでしょうか。

2019年末から中国の武漢で発生していた新型コロナウィルス（covid-19）が巻き起こしている状況を鑑《かんが》みれば、容易に理解できるでしょう。

これらは世界の医療関係者全員が協力して取り組むべき問題であり、日本だけが例外ではありません。

そして、**「10年後、20年後、果たして日本は世界から選ばれるか」という問題も無視できません。**

諸外国では、グローバル化を積極的に進め、留学生をたくさん受け入れています。医学の例でいえば、スウェーデンやデンマークなどの北欧諸国で医療を学ぶ学生が増えており、こうした国々が協力して新薬の研究・開発を進めています。彼らは手厚い社会保障と質の高い教育に裏付けられた平等社会を着実に実現しています。

国連の関連団体が発表した「世界幸福度ランキング2019」では、実に北欧諸国がトップ10の半数を占めています。

日本の順位は58位。

今後、日本を選んでくれる人がどれだけいるのか。

客観的な視点で冷静に考える必要があります。

多様で変化が目まぐるしいグローバル社会では上から目線で「世界」を救おうと考えてはいけません。

自ら歩み寄って、ともに問題を解決していく発想が求められるのです。

ファクト重視でナショナリズムを超えていく

日本の学校では、文科省の検定を受けた教科書だけが採用を許可されます。要するに、「国がどのような国民を育てたいか」という視点から教育がなされています。もはや国が主導していくナショナリズムの時代は終わっているのに、教育はナショナリズム的な視点が維持されています。そこで語られる「グローバル化」も、ナショナリズムを前提としたグローバル化です。

「先進国である日本と発展途上国との格差は維持されている」というフィクションを保ったまま、日本の若者に対して「世界に目を向けなさい」とアナウンスしがちなわけです。

だから「世界を救いたい」と主張する人が出てくるのも当然です。

私の子どもの授業参観に行ったときのことです。命をテーマにした授業で、先生は次のように生徒たちに語りかけました。

「日本では臓器売買がほとんど行われていないけれど、世界では子どもを捕まえて臓器を奪って売買している国がある。つまり、日本では子どもの命を大切にしているけれど、臓器売買が横行している国では、子どもたちの命がないがしろにされている」

「日本の子どもの命は、世界の子どもの命より価値があるんだ」

先生の発言を要約するとこれらのようなことを話していたのです。

例えば、日本とA国のデータを比較したとき、A国の子どもの平均寿命が短い。これは事実と言えます。

ただ、その事実をもって「日本の子どもの命に価値がある」と言えるのか。

では、売買された臓器はどこで売られ、どう使われているのか。

臓器に需要があるからこそ、被害に遭う子どもが生じます。臓器売買の理由、その臓器で生きながらえようとする行為の是非を指摘して、はじめてこの切り口から命をテーマにした授業ができるはずです。

私がそう先生に伝えたところ、明らかに迷惑そうな顔をされました。おそらく「厄介な親にからまれたな」くらいの認識だったと思います。

先生にも悪気はないところに問題の根深さがあります。無自覚なままナショナリズムの刷り込みが日本の学校では行われています。

日本は他国に資源を依存し、世界各地から原材料を輸入し、加工したものを輸出することで経済発展を成し遂げた国です。国内的には、一定の人口を支えに、国民がある程度消費活動を行ってくれるとの前提で経済が回ってきました。

しかし、少子化・高齢化が加速し、人口減少によって、それにブレーキがかかっています。

不安を感じ始めた国民に対して、国はナショナリズムの強化で対応しようとしています。「日本はまだ大丈夫だし、すごい国だ。あなたたちの命には価値があるし、優れた日本人が世界の人を救う力を持っている」。こう言い聞かせながら、国民を国につなぎ止めようとしています。

私が訴えたいのは、特定の思想や発想に濁されることなく、事実という客観的視点をもって積極的に外に打って出てほしいということです。

国内で物が売れないのであれば、国外で売ろうとする発想に切り替えればよいのです。あるいは国外で働くのも一つの方法でしょう。日本人だからといって、日本で生きるものと決められているわけではありません。

日本社会の外にも、自分と似たような考えを持ち、興味や関心を共有できるような人はどこかにいます。

心理的なハードルを越えて、いろいろな人とつながり、ナショナリズムを乗り越えて生きる。これがグローバル時代の生き方なのです。

共通の課題をもつ世界の人たちと語り合う

かつては世界各国が「先進国」と「発展途上国」に序列化され、そこに住んでいる人たちも分断されていました。

しかし、今を生きる人たちはインターネットなどを通じて同じ地球市民として時代を共有することが非常に簡単になりました。

もちろん、どの国に暮らしているかによって経済力などに差はあるでしょう。けれども、日本や諸外国の学生たちをみると、同じ地球市民であるとの実感が強くなっています。

今は一つの問題について、国という旧来の枠組みを超えて取り組む時代が到来しています。

例えば環境問題についても、一昔前までは「自国の環境をいかに改善するか」という観点から議論が行われていました。

「日本やヨーロッパさえ環境が良くなれば、産業廃棄物をアフリカや別の地域に捨ててもいい」

嘘のような、そんな主張が許容されていました。

今でも日本のニュース番組などを見ていると、「外国でこんな問題が起きていて大変ですね」などと他人事のようにコメントするシーンをしばしば目にします。

ところが、現実にはそんなコメントが通用しなくなっています。アフリカで起こる環境問題は、めぐりめぐってアジアやヨーロッパにも害を及ぼすことは誰もが知っている事実です。

地球はつながっているという事実を、多くの人がどうしようもないほど自覚しています。若い人ほど国境を超えて同時代的な課題を抱えるようになっています。もはや、「学校に行けないアフリカの子どもは私たちとは無関係」とは言えません。

今、問題の共有を可能にしているのは、情報技術です。

ＳＮＳを通じて、人々は国境や時差を超えて直接コミュニケーションを取り合えるようになっています。

日本の若者とアフリカの若者が直接議論をして地球の問題解決の糸口を一緒に考えることができる環境は整っています。

さらに技術が進展すれば、相手がその場にいるかのような、スーパーリアルなテレビ会議やホログラムを使用する会議も行われるようになるでしょう。

すでに私にとって、各種の情報通信手段を通じて、日本から遠く離れた故郷のマリは心理的に近しいと感じられるようになっています。

同じように、多くの日本人にとって外国の人との「距離」は非常に近くなっていくはずです。

みなさんは、「狭い日本」の社会だけではなく、もっと広い視野で世界の人々と問題のシェアを模索できるのです。**私は、多様な意見・発想がぶつかる場でディスカッションを交わせるスキルが必要になる**と思っています。

世界各地の人とコミュニケーションを取る中で、今まで自分が当たり前だと考えてきたことが、当たり前でなくなる体験を何度もすることでしょう。

同時に、自分が何者であるか、自分に足りない要素が何であるかも理解できるはずです。

私が見る限り、日本の多くの若者は自分を知ることを恐れています。

自分を知ることは、自分の限界を知ることに通じます。

自分の限界を知るには、かなりの精神力が必要です。できれば、目を背けておきたいという気持ちになります。

それでも自分を知ろうとするのを避けてはいけません。

自分を知れば、自分を他者に語ることができるようになり、他者を尊重できるようにもなります。

自分に足りない部分があれば、他人と協同しながら補い合っていけばよいのです。

自分を知った上で外国の人と関わる経験を重ねていけば、自分自身を変革していくことができます。

自国文化を知ってもらうのに、一人で頑張らなくていい

外国の人と問題解決を目指すにあたっては、自国の良さを活かすチャンスが必ずあります。これは、時に語学力よりも重要になります。

どこの国でも共通する話なのですが、自国の良さは自分ではなかなか気づきにくいところがあります。

中でも日本人は自国の文化を国外に発信するのが不得意です。「もっと堂々とアピールしても良いのに」と、もどかしく思います。

日本には、他国の文化を受け入れ、日本流にアレンジしながら進化させてきた歴史があります。そうやって培《つちか》われてきた文化を、外国の人が「発見」し、賞賛しているケースも多々あります。

代表的なのが「クールジャパン」に集約される日本のアニメやゲーム、ファッションや食文化などでしょう。

例えば、フランスでは「ZEN（禅）」という言葉が日常的に使われています。

大統領のスピーチに「ZEN」が登場した過去もありますし、職場などで「ちょっと気分を落ち着けよう」というときに「みんなZENになろう」と呼びかけることもあります。「クールになろう」というようなニュアンスです。

今、政府が展開しているクールジャパンの取り組みは、もともと日本から始まったものではありません。

外国の人たちが日本文化を賞賛している事実に着目し、後付けで自国の強みであるととらえて行われているものです。

外国に認めてもらって、はじめて自信を持つ。

これは日本人が外国の有名な賞を受賞したときや、何か外国で評価されたときも同様です。それまでほとんど見向きもしなかったのに、外国で評価された途端に手の平を返すようにもてはやす傾向が頻繁に見られます。

それが、コンプレックスに由来するのか、謙遜なのか、職人気質なのか、私にはよくわかりません。

多様な文化、価値観が共存する社会でこれからますます重要になるのは、自国文化のセールスポイントを**「伝えて、売る力」**です。

すでに日本国内にはいい商品やサービスがたくさんあります。それらを掘り起こして世界に発信していく発想が求められます。

もちろん、日本人自身が「伝えて、売る力」を養うのも大事ですが、**外国の人とコラボレーションするのも一つのうまいやり方**です。

日本が作ったものを誰かと協力して売ってもらうのです。

例えば、アフリカ進出の際に、日本はインドを強力なタッグパートナーとするケースが最近よくみられます。アフリカで存在感を高めている中国企業と単独で直接競争しても勝ち目がないことを自覚した日本企業は、インド企業に投資を行い、アフリカでビジネスを展開する動きにシフトしています。

今後も、他国の企業とコラボレーションをして日本の良さを活かす動きが模索されることでしょう（もちろん、協力した企業に出し抜かれるリスクもあります）。

なにも、すべてを自力で頑張る必要性はないのです。

これから生きていく社会は、国や民族どころか、考え方や生き方、仕事の仕方までまるで違う人たちが入り乱れる時代になります。

そうした中で、お互いに協調していくパートナーシップを、企業間でも個人間でも養っていって欲しいと思います。

便利さを享受するだけだと、ただの「客」になる

情報技術の進化によって私たちの生活は、どんどん便利になっています。それは、かつて私が若い頃に夢想していた世界でもあります。

ただ、描いていた理想が現実のものとして手に入り、嬉しいのかと問われると、なぜか手放しで喜べない自分がいます。

便利さを享受《きょうじゅ》している人たちを見て、「それでいいのか？　ちょっと怠けていないか」とお節介ながら口を出したくなるときもあります。

先日、アフリカから京都にある若者がやってきました。その若者が受けている学校のプログラムでは、外国文化体験や研修が数週間にわたって行うことが必修とされて

います。若者にとっては初めての日本であり、知人のつてで私の家に宿泊することになったのです。

到着した日に「迎えに行けないけど大丈夫？」と確認したら、「自力で行くので住所を教えてください」と言われ、若者はグーグルマップを利用して私の家にたどり着きました。

また、私には仕事があり、日中は相手ができません。若者は何しろ初めての日本ですから、もしかしたら不自由にしているかもしれない。そう心配しながら帰宅したあと、若者から意外な話を耳にすることになります。

「どう？　ちゃんとご飯食べたか？」

「うん食べたよ」

「何食べたの？」

何か一人で京都のお店に入ったという話が聞けると私は思っていました。初めて日本に来た人ならば寿司でも蕎麦でもあらゆるものが貴重な経験です。

ですが、実際に返ってきた言葉は、予想を上回る答えでした。

「ウーバーイーツで届けてもらったんだ」

「え、ウーバーイーツ？　で、何を注文したの？」

「うん、マクド」

「マクド⁉　マクドって、お店がどこにあるか知ってるの？」

「いや、知らないけど。ここに来たのは初めてだし」

私の家から、近所のマクドナルドの店舗までは5分とかかりません。

私は内心、「マクドを食べたかったら近所のお店に行けばいいのに。ウーバーイーツの配達料っていくら？　めちゃくちゃ損してない？　そもそも日本まで来て、なんで初日にマクド？」と、いろんなツッコミで頭がいっぱいになりかけました。

でも、冷静に考えてみると、若者は時代の便利さを真っ当に享受しているだけなのです。

「着替えてお店まで行く手間を配達員が代行してくれるんだから、その分のコストを負担するのは当たり前。その時間を別のことに使うのは賢明でしょ？」

落ち着いて若者の言い分を聞けば、一理あると納得できる面もあります。

それでも、私はやはり**「自分の〝足元〟を見ること」**の大切さをわかってもらいたいのです。

ここでいう「足元」とは、あなたの核になる文化のことです。

グローバル化した経済や社会は、消費行動を「均質化」させてしまうものでもあります。

コーラもマクドナルドもケンタッキーもスターバックスも、世界的に提供されているものは、ほぼ同じです。

グローバル企業が世界の隅々にまで入り込むと、私たちの社会はどこも似たような光景に均質化していきます。

地域や土地に紐付く固有の文化は、グローバル化の波にどんどん流されてしまいがちです。

しかし、固有の文化まで失ってしまうと、自分の核となるアイデンティティまでも喪失することになりかねません。

「足元を大事にする」とは、グローバル化に向き合いながらも固有の文化を大事にし、自分の主張や立ち位置を鮮明にするということ。

自分の主張を持たなければ、大きな波に流されて、ただの都合のよい「お客さん」

として生きるほかなくなります。

それは果たして、自分をグローバル化させることにつながるのでしょうか？

便利さを享受するのはわかります。ただ、一方で「自分は何なのか」「自分は流されていないか」を常に自問自答することも重要なのです。

生きる目標は「自分が何を得られるか」

最近、学生たちから尋ねられることが増えた相談があります。

「人生の目標って、どう考えればいいんですか？」

細かな部分は差がありますが、学生たちの話の本質を抜き出すと、この疑問が強いのです。

素朴ながら、まさに生きる上で欠かせない大事な問題だと思います。

この質問が増えている背景には、明らかに社会が不安定になり、明るい未来を描きにくい状況があります。

かつて高度成長期の日本は、将来的に自分の給料が上がる、よりよい生活を送ることができるという期待に満ちていました。

ですから、若いサラリーマンが「3年後に車を買う」「5年後に家を建てる」といった目標を立てることに何の不思議もありませんでした。実際に給料が上がる保証があったわけではなくても、期待だけで行動できたのです。

ところが、現在は不安定で何事も不確実になり、将来を計画するのが難しくなっています。

右肩上がりを前提に考えるべきでないという認識も共有されつつあります。リーマン・ショックも東日本大震災も新型コロナウィルスの流行も、いったい誰が予想したでしょうか。

将来的に、どの程度お金を持っておけば安泰なのかもわからないため、とりあえず今我慢するという姿勢が当たり前になっています。

冒頭の相談に対する私からのアドバイスは、

「目標は、自分自身のためにあります」

ということ。目標を達成することで自分が何を得られるか、を考えるべきです。

決して、誰かに求められた目標ではあってはなりません。

よく、ボランティアの現場で「私は他人を幸せにしたい」という人たちがいます。ボランティアに取り組む姿、そして他人を幸せにする行為は素晴らしいと心から思います。

一方で、ボランティアをする過程では、自分自身が得ているものを、ないがしろにしてはいけません。ボランティアによって得られる満足感や充実感こそボランティアの原動力になっていることでしょう。

ボランティアに限らず、仕事でも趣味でも人生の中で他者と関わり、他者に貢献していくことは不可欠ですが、まずは「自分が主役である」という意識が基本となります。

なぜなら、**他人のために自分を犠牲にする発想を持たないでほしいからです。**

あなたは、いったい何に満足するのか。

この基本をわきまえていないと、周りに流されてしまうだけになります。

では、人生の目標という大きな課題を、どう立てていくべきでしょうか。

実際、私がどのように目標設定してきたかというと、実はあまり細かく考えてこなかったというのが正直なところです。

大学の学長という役職にあるため、「リーダーシップ」をテーマに講演などの依頼をいただく機会が増えました。

「リーダーになるために、どのような準備が必要か」などと聞かれても、どう答えてよいのか途方に暮れてしまいます。

私自身、学長になることを目指して生きてきたわけではなかったからです。

マリで暮らしていた頃から、私は将来の自分がどうなるのか明確にイメージしてはいませんでした。

日本で暮らすなんて想像していませんでしたし、大学の学長になるという思いも寄らないコースを歩むことになりました。

ただ、一つだけ心がけていたことがありました。

一分一秒を大切に過ごすということ。

とにかく遊びも含めた学びの姿勢を重視し、あらゆる機会を通じて、いろいろな経験を積み重ねてきました。

そうして人よりも多様な経験が増えたため、結果的に学長という立場にいるのだと解釈しています。

もしかしたら、私が周囲の人からいろいろと吸収しようとする姿勢が信頼につながったのかもしれません。

学長という立場は、学識を深めるだけで与えられるものではありません。立候補には推薦が必要なので、周りの評価やサポートが不可欠です。「推薦してくれた人の期待や信頼に応えたい」という気持ちで続けています。


世の中には経営者や立場の高い人、目標を達成できた人もいると思います。しかし、私は地位は後付けでもたらされるものだと考えています。

目標の設定や達成にこだわるのも大事。ですが、それ以前に周囲の人から納得してもらうだけの企画内容や仕事と地位に対するパッションを意識してほしいと思います。

自分がどのような姿勢で物事に取り組んでいるか。見ている人はちゃんと見ています。

第2章

多角的でブレない価値観を築く「学び」

人の心には必ず偏見・先入観がある

人は自分が生まれてから見聞きした経験を記憶し、その記憶に基づいて物事を判断しようとする生き物です。

そういった知識や情報は、心理学的な用語では「スキーマ」と呼ばれます。あるいは、もっと一般的な言葉で表すなら、偏見や先入観とも言えるでしょう。

どんな人でも偏見や先入観を持っています。ですから、偏見や先入観を持つこと自体は否定できません。ただ、自分の偏見や先入観を自覚すれば、もっと柔軟に物事を理解できることでしょう。

京都精華大学のスクーリングで初めて私に会った高校生たちに、「私（サコ）のイメージを言葉で表現してみてください」と質問したことがあります。

すると「外国人」「黒い」「お金持ちそう」といった答えが返ってきました。

今度は、まったく同じ質問を、何度も接したことがある学生やイベントで出会ったことのある学生にもしてみました。彼らは、もう長期間にわたって私の講義を受け、相談をしてきた人たちです。

それにもかかわらず、返ってきた答えは次のようなものでした。

「マフィア」「アラブの石油王」「アフリカ」「外国の人」「黒い」「笑顔」

初対面の高校生の回答とほとんど同じ。要は、**偏見や先入観で評価していて、実際の言動から相手の性格や性質を見る目がなかなか持てないということです。**

さらには、私が京都でお年寄りに道を尋ねると、話の途中で言葉をさえぎるように「ごめん、英語、わからへん」と返されがちです。

「いやいや、おばあさん。私は日本語で話してますよ。日本語ですよ、日本語」と話しても、「英語わからへん、英語わからへんから」と繰り返すだけなのです。

私が学部長だったころには、ある学生の親が、大学に意見したいことがあったらしく、学校までやってきたことがありました。

「学部長を出せ」と言われたので私が出ていったら、

「いや、あなたじゃないよ。日本人の学部長を出せと言っているんだ」

と言うではないですか。もちろん、学部長は私ですし、学部長は日本人という決まりがあるわけでもないのに。「日本の大学の学部長＝日本人」という先入観があり、想定外の状況を受け入れられないのです。

多様化が加速するグローバル社会では、いろいろな人と付き合っていく上で、ステレオタイプな発想から抜け出して、柔軟に受け入れるという「学びの姿勢」が求められます。

外国の人に「10時」と言われたら、何を想像しますか？

ある文化圏の人は「礼拝をする時間」と捉えるかもしれませんし、「お茶を飲んで休憩する時間だ」と想像するかもしれません。同じ「10時」でも、捉え方はまったくもってばらばらです。直接、人と関わることで物事の捉え方が多角的になります。

まず自分の先入観や偏見に自覚的であること。それが、相手との違いを認め合いながら学ぶための第一歩となるのです。

世界で重視されるのは「学問領域の経歴」

日本は、かつてと比べればゆるくなったものの、依然として学歴社会であり、一般社会においても学歴が幅を利かせています。

では、諸外国で学歴が軽視されているかというと、決してそうではありません。やはり学歴は重視されており、学歴のある人は評価されています。

ただし、「学歴」の持つ意味が決定的に異なっているのです。

特に欧米では、「学歴」と「学問領域の経験」が不可分に結びついています。

彼らと会話をしていると「あなたは何を勉強しているの?」と質問される機会が頻繁にあります。彼らの関心は、常に相手が学んでいる領域の内容にあります。

「何をどれだけ勉強したのか」が、関心や評価の対象となっているわけです。

一方で、日本で学歴を問うときに真っ先に出るのがこの質問です。

「あなたはどこの大学を卒業したの？」

質問をした人にとって、相手の学問領域が建築か法律か経済かなんていうのは二の次。どの大学に在籍していた（あるいはしている）かが最大の関心事になっています。

日本の「学歴」の正体は、社会的ステータスとしての「学校歴」なのです。

私は学生だったころ、何度か合コンに参加した経験があります。そこでやたらと「自分は京大の学生である」と強調したがる人に辟易《へきえき》させられました。

彼らは聞かれてもいないのに、何かにつけて京大をアピールします。そのくせ、何を研究・勉強しているのかを語ろうとはしません。

さらに不思議だったのは、そんな奇妙なアピールに対して多くの人が好意的にリアクションしていることでした。

「え、京大!?　すごい、賢いやん！」

何を研究しているのかを知らなくても、一様に「賢い認定」をしてしまいます。

知名度の高い大学に通っている学生のなかには、世間から賢いと評価されるのを真に受けて、自分は賢いと思い込んでしまう人もいます。確かに、その大学を卒業した先人たちは一定の実績を残したからそうなっているのですが、むしろ、それらの後を追うべく、頑張り続けてほしいのです。

そして、大学のネームバリューは一つのチャンスと考えずに、それに甘えながら学位を取得していきます。現在も、この構造そのものは大きく変わってはいません。

もちろん、大学院生ともなれば、多少学問の内容を重視しているのでしょう。

私自身、学校歴ではなく、学問領域の経験を大切にしています。

大学で担当予定の授業や所属の研究チームといった機会だけではなく、外部で独自に勉強会を作ったり、自分の研究分野とは異なる学会に参加することもしてきました。**ひたすら多種多様な経験を積み重ねることが重要だと考えるからです。**

振り返れば、本来は学会では序列が重んじられていて、学年によって一介の大学院生がおいそれと参加できないような場もたくさんありました。

けれども、私はそういった序列には無頓着でしたし、ある種の例外的存在として認められていたこともあり（彼に言っても仕方がないと思われていたのでしょう）、遠慮なくいろいろな場に出ていき、好きなように質問をしていました。

その過程で、いろいろな人に出会ってきたわけですが、強く意識していたのは、**自**

分に疑問を投げかけてくれる人と深く付き合うことでした。

自分が話したことに対して、「そうなんだ」と肯定してくれるだけでなく、「どうしてそうなっているの？　なんでそう言えるの？」と掘り下げてくれる人は、学びを深めてくれる貴重な存在です。

多様性が求められる世界は、「学問領域の経験」がものをいう世界です。その経験を得るには、いろいろな場に出ていろいろな人と関わる必要があります。

続けているうちに、知識や経験を正しく吸収できる人間になれるのです。

見知らぬ人が「先生」になる

前項で人との関わりに言及したので、もう少しお話ししたいと思います。

京都大学時代の学友たちが、今の私と学生たちがおしゃべりをしている様子を見て、こんな感想を口にしたことがあります。

「お前、よう学生とそんなにしゃべれるな」

おそらく学友たちにとって、先生は学生より常に上の立場にいるべき存在で、学生に対して知識を与えることだけがその役割である、と考えているのでしょう。役割を決めてしまえば、学生に話す内容は限定されますし、努力も不要になります。

しかし、現実に私の周りにいる学生たちが話したいのは、学問や就職の話題だけとは限りません。恋愛や友人との関係について相談したい学生もいますし、ただ社会、日常生活や出身地の自慢話を聞いてもらいたい学生もいます。

先生がそのチャンスさえ与えれば、いくらでも話は続きます。

「サコ先生、ちょっと聞いてよ。このあいだ、合コンで出会った人と初めてデートしたんですよ」

「へー。それでどうなったの？」

そんなノリで聞き続けていくうちに、お互いに信頼関係が生まれます。案外、そうやって交わした会話の内容が、卒業してからもずっと記憶に残っていたりするものです。大学の授業の話など、多くの学生は卒業すれば忘れてしまうものですから。

かつて恋愛相談を受けていた学生がいます。ある日、研究室に彼女が満面の笑みをたたえてやってきました。

「先生、私にも素敵な出会いがあったんですよ。やっと私を大切にしてくれる、一番に考えてくれる人です」

「おお、ほんま？　どんな人？」

「九州にいる人なんです」

「九州？　じゃあ、いっぺん会わせてもらおうかな」

大学の先生が、なぜそんなことを……と思われるかもしれませんが、私はそういう人間なのです。結局、私はゼミ生一同とともに九州まで出かけ、現地で学生の恋人を呼び出してもらい、一緒にご飯を食べる機会を作りました。

京都の大学生と交際を始めたと思ったら、いきなり先生がゼミ生たちを連れて九州まで乗り込んできたのですから、相手の男性は相当驚いていていました。

おそらく彼女は、私が九州まで行ったことを一生覚えていることでしょう。大学の先生が彼氏さんの人物を確認するために九州まで行くなんて、突拍子もなさすぎる話だからです（それ以降、ゼミ生たちに恋人ができると、研究室に連れてくる慣習ができてしまいました）。

相手のことがわからない状態で人と話すには一方的に話をするのではなく、相手の話を聞き入れる姿勢を持つことが重要です。

九州の恋人の件も、私は食事を一緒にしながら交際相手の男性について知ろうとしていました。そうしてようやく安心することができたのです。その後、二人の結婚式で主賓として挨拶をさせていただきました。

私も、初めから誰とでも話せたわけではありません。

自国を離れ、中国や日本で暮らす日々の中で、誰の話でもまずは聞く自分が作られていったのです。

そして、他人の話を聞くときには「教えてもらう」「学ぶ」という姿勢は意識してきました。

たとえ、相手が小学生であっても大統領であっても、同じように「教えてもらう」という姿勢に変わりはありません。

私には、人と会話をして「つまらなかった」「得るものがなかった」と思った経験がほとんどありません。「教えてもらう」という姿勢で接すれば、どんな人からも学ぶことがあるのです。

旅を「答え合わせ」にしない

世界を知るうえで、今も昔も旅は欠かせないものです。いくらSNSが発達し、情報が舞い込んできても、リアルな現地の手触りの情報には勝てないからです。

何より、旅は自由を感じ、多様性に触れる絶好の機会でもあります。

ですが、その旅でもったいないことをしている人が多いとしばしば感じています。

私は家族と一緒に旅行する機会が多いのですが、旅先で妻とちょっとした言い合いになることがあります。

妻は旅に出る前の準備から余念がありません。ガイドブックを購入し、現地の名所・旧跡・おいしいお店などを入念にチェックし、綿密な行動スケジュールを立ててから出発します。

一方、私はガチガチのスケジュールで動くのはまっぴらごめんです。宿泊先のホテルで、朝早くからいそいそと出かけようとする妻と子どもたちとこんな会話をする羽目になります。

「これから○○時のバスで世界遺産の□□を観に行くんだけど、一緒に行かない？」

「いや、昨日話で聞いたところに先に行きたいから、あとから一人で行くよ。それまでゆっくりさせてよ」

「せっかくここまで来たのに、名所を観ないでダラダラとホテルにいてどうするつもりなの？　それでも研究者なの？」

「はい、これが研究者なんです。研究者って、ホテルでダラダラするものなんです」

あきれ顔の家族を見送ったあと、適当なタイミングでホテル近くの、ごく普通の飲食店に入り、食事をしながらとなりに座っている地元のおじさんに話しかけます。

そうやって、地元の人を通じて街を理解していくのが、私のスタイルと言えるかもしれません。

旅に出たとき、私はとにかく社会の中に入っていき、現地の人と友達になろうと努めます。

観光のために見栄えよく作られた情報の視点ではなく、できるだけ現地の視点で現地の物を見たいからです。もちろん、短い滞在なので限界があるのは十分承知しているのですが、時間の限り各所を巡ります。

ガイドブックなどは帰国後に買えば十分です。

知識や情報を身につけるという点で、ガイドブックには価値があると思っています。けれども、**先にガイドブックを読んでしまえば、文字通り先入観を持つことになり、訪れた国やそこに暮らす人々の本来の姿を見失ってしまいます。**

だから、あえて出発前には情報を頭に入れないようにしているのです。

旅行中は、出会った人や目に入った物をありのまま観察するように心がけてみると、「自分だけの旅の思い出」になるでしょう。どうなるかわからない不安をいだきつつも、サプライズや興奮した感情を一つでも多く体験できるはずです。そのような経験を家族の夕食のときに語るのが大好きです。

旅先で、それぞれが別の経験をし、それを語り合うのも一つの旅の仕方です。一応、その地域や国を去る前にガイドブックを購入することが多いです。

普段接している大学生たちにも、ガイドブックやＳＮＳで見た写真の確認になってしまっている人が多いように感じます。ツイッターやフェイスブック、インスタグラムで見た写真と同じような構図で写真を撮りたい、という話も耳にします。

私がゼミの学生と旅行をすると、やはり家族と同じような会話の展開になります。

「先生、明日は朝6時集合ですからね。行かなければいけない場所があるので絶対守ってくださいね」

「いや、そこまでせんでもええんちゃう？　なんでそこまであくせくしてるの？」

「だって短い時間で行きたいところを全部回ろうとしたら朝6時から動かないとダメなんですよ！」

「別に全部回れなくてもええやん」

そこまでして朝早くから行動した結果、やっていることと言えば、他の誰かが見たものを見て、食べたものを食べ、撮ったものを撮る。そこにどんな驚きや発見があるのだろう、と不思議に思ってしまうのです。

これは旅先に限った話ではなく、日常生活でも同じです。

日常でも、お店で食事をする前に、事前にグルメサイトを検索し、レビューを確認

しないといけない気がしていませんか。

盛り付け方や値段などを先に見て、その確認に店を訪れる。仮にサイトに載っていた写真とはまったく別物の料理が出てきたらどうなるでしょう。

「写真に載っているのとは違う。期待外れじゃないか」

このように、ガッカリした気持ちになりませんか。私も、もし同じプロセスでお店に行けばそう思うかもしれません。

しかし、頭の中に描いた想像と違うからこその発見です。私のやり方はリスクが高いです。もちろん、大学の正規プログラムではリスクを限りなくゼロにしないといけないので、学生たちには様々な周辺のことを調べさせています。

ただ、食事やレストランなどの場合は、想像と異なる事実を受け止めていく姿勢が柔軟な学びの力を養っていくのです。ガイドブックやネットのレビューなどは、後々確認するために見てよいかと思います。

そして、多様性を自分の中で育てる一役を担います。

評価が定まった物を追体験したい。その気持ちはわかります。

ただ、そういった姿勢が高じると、いろいろな物を吸収する柔軟性が失われかねません。

旅や食事だけではなく、**出会う人や本、さらには考え方や発想など、あらゆるものを「自分が知っているものしか受け付けない」ということになってしまいかねません。**

自分が受け入れを許可した物だけを選択的に見続けていると、見落としてしまう物がたくさん出てきます。

これは、私たちの街にスターバックスやマクドナルドといった、世界的に有名なチェーン店が増加していることと関係しています。

私自身、チェーン店を利用しますし、存在を否定するつもりはありません。

一方で、どんな料理を出すのかもわからない、地元ならではの店で食事をする経験も忘れないでください。

知らない人と話をして、知らない物を食べてみる。

柔軟な姿勢で飛び込んでいけば、学びのチャンスはふんだんに見つかるはずです。

疑問を抱くことが自分だけの「哲学」になる

教養という意味で、学生からよく「哲学を学びたい、知りたい」という話をされます。

これからの時代、人が生きていく上で思考を深める哲学を学ぶことも重要でしょう。ただ、哲学は誤解されやすい学問であるのも事実です。多くの人が哲学を誤解したまま敬遠しています。なんとももったいない限りです。

先日、京都の自宅の近所にある散髪屋さんで髪を切ってもらっていたときのことです。いつものように店主と世間話をしていたところ、出し抜けに難しい質問をされました。

「先生、哲学ってなんですか?」

店主によれば、「物事を複雑に説明するのが哲学である」との意見ですが、それは違うのではないか、と私は答えました。

「普段、あなたが無意識のうちに取っている行動やこだわり自体が、あなたの哲学なんですよ」

例えば、私の髭を剃ったあとの顔にクリームを塗る店主の手つき。素人からは漫然と行っているように見えますが、剃り残しの確認など、こだわりやルールが隠されているのに気づきます。

店主にとっては、なんのことはない当たり前の行為かもしれませんが、これは職人としてのこだわりに他なりません。それを「哲学」と呼んでいいのです。

人には、生活の中でこだわる部分がたくさんあります。自分が生きやすくする習慣は知らないうちに身体化していき、無意識のまま普段の行動に現れます。

無意識のこだわりを意識化することが、哲学の第一歩です。

「なぜ、それをするのか？」

「他の人も同じようにしているのか？」

こういった問いを立てて、論理的に追求していくプロセスこそが哲学である、と私は思うのです。

自分が当たり前のようにやっている行為について、もう一度疑問を持って問い直していく。

問い直して結論を出していくその過程で、論理的な説明をつけていく学問を「哲学」と呼ぶのです。

多くの人は哲学と哲学史を混同しています。哲学は考えること、考えるプロセス、問いを立てることが哲学において重要です。

プラトンやソクラテスが言及した内容をオウム返しのように繰り返す。それだけで、哲学を語っているかのような気になるだけです。しかも、あえて難しい言葉を使って説明する行為が哲学であるというのは大いなる誤解だと感じます。

どの時代のどんな人も「こだわり」や「価値観」を持っていたはずです。それを疑問に思い自問自答していくことが重要なのです。**歴史的に哲学者とされる人たちは、疑問を持ち、それを論理的に説明しようとしてきた人たちなのです。**

また、論理的に説明するときの言葉はわかりやすくあるべきです。複雑に説明することと哲学は無関係です。

物事を複雑に説明しようとする哲学者がいるとすれば、本当は哲学の本質がわかっていないのかもしれません。

そういう哲学者に限って、プラトンやソクラテスの発言はスラスラ言えても、自分自身のこだわりについてわかりやすい言葉で説明することができないのです。私は説明を組み立てる過程で、様々な人と意見交換し、ディスカッションもします。考える行為と、言葉にして他者に伝える行為は密接に関係しています。

私は多くの学生に「言葉の運用能力を高めること」の重要性を伝えています。言葉を身につけることは、語彙《ごい》を豊かにすることだけでなく、自分の内なる「ヴォイス（声）」を持つことも意味します。

自分自身について伝えるために、どのような言葉を用いるべきかを考える試行錯誤が重要です。単に会話をする行為だけが、伝える行為とは限りません。場合によっては短歌や小説作品の形にして表すことでもいいのです。

実は多くの人が、自分の「ヴォイス」に意識を向けないまま、他人の言葉を借りながら生活をしています。

他人と同じ言葉を使うのは便利です。

ですが、それはどんなにうまく使いこなしても、自分の言葉ではありません。

自分のこだわり、内なる「ヴォイス」に意識を向け、自分の言葉にして相手に伝えることができる。

単純に話し上手かどうかではありません。話し下手の人でも、「ヴォイス」を意識した言葉で話している人はたくさんいます。

自分の言葉を持ち、自分の価値観を伝えていくことが、グローバルで多様な社会でますます求められることでしょう。

外国語は「人と共生するツール」

学生たちが英語を学ぶ姿を見ていて、面白い事実に気づきました。

中途半端に英語ができる学生が外国に行くと、語学の習得にかなり苦戦するのですが、逆に外国語がまるで身についていない学生のほうが比較的早く適応できる傾向があるのです。これは両者の意識で大きな隔たりがあるからでしょう。

英検やＴＯＥＩＣなどで高得点を出せる人は、その語学力を外国で発揮しなければいけないという妙なプレッシャーを持ちます。結果的に、現地の人とのコミュニケーションに臆してしまいます。

一方、何の実績もない人は失うものがないまま現地に飛び込んでいくので、すべてのコミュニケーションがプラスに働き、めきめきと上達していくのです。

私自身、日本語がまるでわからない状態から無理やり話し続けて、来日して3か月経った時にはある程度は話せるようになりました。

来日前には中国にもいましたから、今でも普通に中国人と会話すると、話し方を徐々に思い出してきます。

日本で外国語を勉強する前にいち早く現地に飛び込んでいったほうが得なことが多いでしょう。

「無理にでも話すチャンスを作って、現地の人と会話をすれば必ず語学は上達するものだよ。もし日本にいても、自分から接する機会を増やせば勉強ができる」

学生たちには、いつもこのようにアドバイスをしています。

私はこれまで複数の外国語を身につけてきました。その過程では、マリという国に生まれ育った経験がプラスに働いたと感じています。

というのも、マリという国では複数の民族が共存しながら生活を営んでいます。**複数の民族が共存するにあたっては、「相手の言葉を理解すること」が第一の条件となります。**

マリ人にとって「語学」とは、趣味でもファッションでもなく、相手と共生していくための必須スキルです。

言語の取得は死活問題なので、居住環境が変わればその土地の言葉を習得する習慣が自然のうちに身についているのです。

さらに、例外はありますが、マリのほとんどの民族の言語は無文字です。文字ではなく音で言葉を覚える文化で育ってきているため、音で言葉を覚えること自体が得意なのです。

それらの経験を踏まえると、語学を身につけるときの基本的なスタンスは「訳さない」ことです。

学ぼうとする言語を母国語に訳さずに、その言語の文脈のまま覚えていくことが肝心です。

「この単語って日本語で言うと何だっけ……」

このように、いちいち探っている限り語学の上達は難しいでしょう。

私は学生時代に日本の外国語スクールでフランス語教師のアルバイトをした経験があります。そこで語学を学ぶ日本人の多くが、日本語で外国語をマスターしようとしていました。

例えば、彼らはフランス語のテキストにカタカナで発音を記入し、カタカナ読みをしようとします。しかも、一文ずつ日本語で理解しながら先に進もうとします。これでは、日本語の思考からフランス語の思考に切り替えることができません。

最初は意味などわからなくてよいのです。まずは耳を鍛えるだけで十分です。

耳で聞いた言葉をそのまま真似をしていくのが先決です。

英語でしている人たちがいたら、その人たちの会話をそのまま口真似で再現するという具合です。

聞いた言葉を真似していくうちに、その言語が身体化していきます。身体化していく過程で、学ぼうとする言語で思考できるようにもなり、言葉のインプットとアウトプットがどんどんスムーズになっていきます。

正確な意味などわからなくても、ぼんやりイメージがつかめればよしとします。

日本語と学ぼうとする言語の連携をいったんあきらめ、とにかく「耳で聴いて真似をする」を繰り返します。母国語に翻訳して理解するのは、ある程度上達してから先の話です。音楽や映画の鑑賞も有効な手段ですね。字幕も英語や制作された国の言語だとなお良いでしょう。

あとはその言語を使う必要性に迫られれば、自然とボキャブラリーも増えていくはずです。

世界のどこにいても「学びの場」はつくれる

「学び」の意味はいったいどこにあるのか。
そのまえに、「学習」「学び」と聞いて、それぞれどんなイメージを持つでしょうか。
私は、次のように考えています。

●「学び」……自発的に行動を起こす。人間性の向上。
●「学習」……一方的に誰かから教えてもらう。反復行為によるスキルアップ。

人から言われたからしぶしぶやる。これは「学び」とは対極にある行為です。
私は、「学び」において何より「自発性」を重んじています。

生きていく上で必要な知識や経験を、自ら身につけようとする姿勢こそが「学び」と言えます。

自分を高めたり視野を広げたりするものと、アクティブに関わっていくべきです。

「学び」には、もう一つ大きな特徴があります。

何がどの程度役立っているのか計測不可能な点です。

学校で学習する場合は、目標とその達成度合いが重視されます。必要な課程を履修したか、テストで基準となる点数を獲得できたか、入試に合格できたか、などが常に問われます。文科省によれば、大学教育においても、そのように学習が定義されています。

しかし、「学び」は「学習」とは異なります。

学んだことが人間としての成長にどの程度役立っているのか、テストのように数値化して計測するのは不可能です。

ただ、あらゆる「学び」が成長につながっているのだけは間違いないのです。

私自身、これまでの人生の中で、さまざまなことを学んできました。学んでいるとき、それがどう役立つかなどは、さっぱりわかりませんでした。

けれども、それがすべて自分の血肉になったというのは断言できます。

生活する中で、ふと「あのときのあの学びには、こんな意味があったんだ」と気づく瞬間を幾度となく経験してきたのです。

学校や職場など、特定の場所だけが学びの場になるとは限りません。

面白いことに、人生においてはあらゆる経験の中に学びのチャンスがあります。

たまたまバスで乗り合わせた人と交わした会話。先輩と飲みに行ったときに目の当たりにしたサラリーマンの立ち居振る舞い。日本の知り合いが作ってくれた料理の香り……。

異国から来た私にとって、そんな些細《ささい》なものでさえ、今の私を築いてくれた大きな財産なのです。

無意味に思える出来事や物事が何かの拍子に思い出され、人生に大きな示唆を与えることがある。これこそが学びの醍醐《だいご》味《み》なのです。

ですから、多くを学ぼうと思ったら、あらゆる場で多くの経験をすることを最優先してください。

経験値を高められるかどうかが「学び」のキーポイントです。

みなさんにとって、「学び」は大学や各種のスクールに通う以外にもたくさん存在しています。

色々なところを旅行するのも良いですし、知らない土地でしばらく暮らしてみるのも良いでしょう。

まえに述べましたが、私は外国に出かける機会が多いので、知らない土地に出向いた際には、できるだけ現地の人たちと話をするように心がけています。そういったところこそ、自分の成長につながるのを知っているからです。

今、私は大学の学長という職にありますが、学生たちからも学ばせてもらうという意識を持ち、それを公言してもいます。

何かを経験するとき、それが重要な機会であると気づくだけで、無意識のうちに体が「学び」の準備を始めます。

結果的に、いろいろな知識や情報を吸収できるようになります。

だから、まずは「あらゆる物事から学ぼう」と意識しましょう。それが学びのスタートとなります。

第3章

人種・文化を越える「コミュニケーション」

多彩な人間関係に、迷惑はつきもの

私は以前、教室の座席を企画して見事に失敗した経験があります。3人が並んで腰掛けるタイプの座席を計画して配置したのですが、実際に使い始めたら予想外の光景が目に飛び込んできました。

学生たちは3人掛けの両側から次々に着席していき、誰一人として真ん中の席に着こうとはしないのです。

両側の座席がすべて埋まると、後から来た学生は教室の後方に立ち始めます。空いている座席に入れば良さそうなのに、決して自らは動きません。

「皆さん、空いている真ん中の席にカバンを置かないで。立っている人を座らせてあげてくださいね」

私が業を煮やして声をかけると、ようやく立っていた学生たちが真ん中の座席へと進みます。その様子を見ていて思いました。

「こんなところで他人に気を遣わなくても、もっと神経を使うべきところがあるんじゃないだろうか」

私が住んでいる京都の鴨川にも、河川敷にカップルが等間隔に座る独特の文化があります。特に座る場所を指定されているわけでもなく、みんな別々の人間なのに、示し合わせたようにきっちり等間隔を守っています。

仮に誰かが等間隔に割って入ると、入られた側は心理的なプレッシャーを感じ、気持ちが落ち着かなくなります。相手の意図とは無関係に、プライバシーを侵害されたような意識を持つわけです。

3人掛けの座席の両端に座るのも、河川敷に等間隔に座るのも、日本人の人間関係の距離感を象徴しています。友人や家族との間にも一定の距離を取り、それ以上は絶対に踏み込もうとはしません。

ゼミの打ち上げや忘年会で学生たちと二次会まで行ったとき、時間が遅くなり、遠方に住む学生が終電を逃してしまうようなことがあります。

自宅に帰れなくなった学生は困った顔をしますが、私からすれば、何がそんなに困るのか意味不明です。**「それなら別に、一緒にいる友達の下宿に泊まったらええやん」**と思います。

ところが、彼らは友達に「家に泊めてほしい」とは言わず、漫画喫茶で過ごしたり、カラオケ店で夜を明かしたりするなど、自分一人でどうにかしようとします。

「どうして友達の家に泊めてもらおうとしないの？」

そう尋ねてみると、次のような答えが返ってきました。

「友達だから迷惑をかけたくないんです」

「でも、**友達だからこそ、迷惑をかけることができるんじゃないの？** 友達に迷惑をかけられないなら、いったい誰に迷惑をかけることができるの？ 友達のことをどこまで友達として思っているの？」

私には、彼らがお互いに心を許し合っていないように見えてしまいます。

おそらく友人だけでなく、家族に対しても同じでしょう。

もしかして、誰にも本音で語ることができないから、インターネットのような匿名の場に居場所を求めてしまうのかな、とさえ思ったりもします。

知らない人に踏み込んでいくことは難しいでしょう。

友達と思っている相手なら、躊躇《ちゅうちょ》する必要などなく、「距離」を乗り越えて踏み込む勇気を持ってほしいと、私は学生たちにアドバイスしています。

一歩踏み込むことで信頼関係ができるだけでなく、新しいアイデアが生まれるなど、プラスに働くことが多いと思うからです。

ここからは、私の経験を踏まえて、日本の若者をめぐるコミュニケーションを振り返りつつ、人間同士の関わりについて読者の皆さんと一緒に考えていきたいと思います。

「空気を読む」ことすら、やめていないか？

日本人は「空気を読む」ことを重視しているといわれます。

「空気を読む」とは、その場の雰囲気から状況を判断して、自分がしていいこと・してはいけないことを判断する、という脈絡で使われている言葉です。

また、そういった暗黙の了解を理解できずに振る舞う人を「空気が読めない人」「KY」などといい、一昔前には流行語にもなりました。

一方で、空気を読むことは、常に周囲の人の顔色をうかがいながら振る舞う生き方につながりかねません。

だから、必要以上に空気を読んではいけない、空気を読んだ上で自主的に行動すべき、といった論調も生まれるようになりました。

ただ、私が見てきた限り、日本の若い人たちは、「そもそも空気を読めていない」のではないかと感じています。

空気を読んでいるようで、実際には読んでいるフリをしているだけ。

本当に空気を読むのであれば、まずは周囲の人が考えていることを理解する必要があります。

その上で、自分の考えと異なる点があれば、話し合って折り合いをつけていくという手順を踏んでいけばいいわけです。

ですが、そうしたシンプルなプロセスを踏まえることなく、最初から一歩身を引いてあきらめてしまっているように見えるのです。

私のゼミで研修旅行をしたときのことです。出発前に、移動する際の車の同乗者、部屋割りなどを決めました。

しばらくすると、2〜3人の学生が戻ってくるなり、私に向かって訴えます。

「さっきの部屋割りなんですけど、もう一度見直してほしいんです」

「○○さんと同じ車で2時間も過ごすのは無理。なんとかしてください」

これには私も戸惑いました。決定事項に納得がいかないなら、その場で主張するのがシンプルなやり方だからです。

あえて「○○さんと一緒は嫌」と言わなくても、「私は運転を交代できるので、こっちの車に同乗したほうがいいと思います」など、理由をつけて希望を伝えることはできるはずです。

でも、不満を伝える場合、絶対にその場では主張しません。**主張しないことを「空気を読むこと」だと勘違いしているのです。**

似たようなことが大人にも見られます。


空気を読むことは、本来、協調することにつながっています。

協調するために、相手の要求を理解して、自分の要求も相手に理解させる。

その上で、折り合いをつける行為こそが、「空気を読む」であるはずです。

けれども、多くの人が当事者同士で主張し合うことを最初からあきらめています。

あきらめつつも、気持ちの中では納得していません。納得していないのに「空気を読んだ」というのは、ちょっと違うのではないでしょうか。

もちろん、相手の気持ちを察知して譲歩する姿勢は、どの社会でも必要です。

ただ、それはあくまでも踏み込んでからの譲歩を意味しています。

お互いに踏み込んで主張し合う前に譲歩するのは、よりよい協調にはつながりません。

本当に「空気を読む」のであれば、もっとお互いの主張を理解したほうがいいのではないでしょうか。

誤解を解く努力はあきらめない

日本には古くから「以心伝心」という言葉があります。あえて口に出さずとも、お互いに心が通じ合えるということです。

この言葉を聞いた私は、日本人は以心伝心でわかり合っていると信じ、言葉を省略するのは日本的な文化なのだと、好意的に受け止めていました。

けれども、長く日本に住み続けているうちに、実は違うのではないかと思いました。

相手の心の内はもやもやとした霧《きり》に包まれています。それを「こうかな?」と一方的に推測して「以心伝心」という言葉でわかったつもりになっていることも多いのではないでしょうか。

人の心を間違った推測をして行動すると、行き違いが起きます。

私も、この手の行き違いに何度となく苦しめられました。

大学時代、同じ研究室のメンバーで共同プロジェクトを行う上で、私とあるメンバーとのあいだで齟齬《そご》が生まれました。今から考えれば些細なことなのですが、まさにコミュニケーション不足によって生じたものです。

結果、私は相手にキレられました。そのとき、私は軽い冗談を言っただけなのです。きっと、少しの話し合いで誤解が解けたはずなのに、私も言い合う大事件に発展してしまいました。ただ思うに、お互いにキレたときが、一番本音を言い合った瞬間でした。

そうやって本音でぶつかり合えば、最終的にお互いを理解できる。私はこのときもそう考えていました。しかし、それは甘い見通しでした。

私は、**日本でよくいう「キレる」ことは、コミュニケーションのあきらめを意味している**ということを知りました。

一切をあきらめるから、どうでもよくなってキレる。それまではひたすらガマンして抑え込む。相手の考えを誤解しながら、その二択しか選ばない人のメンタリティが、私にとってはとても不可解で、恐ろしくもありました。

今でも周りを見れば、多くの人が相手の考えを誤解したままで過ごしています。しかも、**仮に誤解されていることに気づいたとしても解消しないまま**です。

「外国の人だから、彼（私のこと）にとっては難しかったのかな」

「誤解されたのなら仕方ないいや」

こんなふうに自分を納得させて済ませています。私が誤解に気づくまで、10年近くかかることもあるくらいです。

「サコ、この場合、こういう対処の仕方は違うと思うよ」

などと言ってくれる人は稀《まれ》です。私にしてみれば、誤解に気づいたなら同じ間違いを回避するためにも、誤解を解く努力をしたほうがいいと思うのです。

生活習慣や文化、人種などというものは決して関係ありません。

何かの拍子に相手に対して抱いていた誤解を、180度転換させるパターンもあります。

同じ大学で10年以上働いている人と、とある機会に食事をしたり、委員会で初めて一緒になったりしたとき、

「あれ？　サコさんってこんな気さくな人だったの？　面白いやん」

「サコさん、こんなにタフな人だった？」

「サコさんはお酒を飲まないの？」

そう驚かれるケースがしばしばあります。要するに、ずっと先入観と噂話をもとに私をジャッジしてきたのでしょう。

だから私は何度でも声を大にして伝えます。

先入観で判断したり噂をするくらいなら、直接本人と話して確かめればいいのに。相手のことを勝手にわかったつもりにならないで、話をしながら掘り下げていったほうがいいんじゃないですか。

あきらめてばかりでは、きっと世界はつまらなく、味気ないものになってしまいます。

どうか、分かり合うことはあきらめないでください。

同調するだけでは協調できない

私は「協調性」について、人と一緒に何かのゴールを目指すイメージで捉えています。

ゴールを目指す過程では、お互いに意見を出し合う必要があります。

そこでは当然、コンフリクト（衝突）が生じるのは避けられないでしょう。

むしろ、何一つ異論がなく物事が決まっていくほうが不自然です。誰も意見を出さないまま、みんなが納得しているなんて、独裁そのものではないですか。

こうやって理屈で言われると誰もが賛同してくれるのですが、**現実には「おかしな協調性」がまかり通っています。**

京都精華大学には他大学にみられないほどの、教職員合同会議という制度があります。大学が新しい方向性を決めるとき、法人理事会を行う前に、その内容を全学で共有し、意見交換を行う会議です。

私が京都精華大学に就任した当時、この会議が長く、議論が非常に活発に行われていました。多少個人の価値観に偏りはあったものの、本音で議論が行われていたことは今でも鮮明に覚えています。

そして最近、このような場で、意見が積極的に出て、活発な議論が行われるかというと、そうでなくなりつつあるように思われます。

新しい取り組み等に関心が薄くなったのかはわかりませんが、個人の意見や行動で変化をもたらせようとする時代とは大きく異なってきています。よく話を聞くと、「意見を出したら最後まで責任を持たないといけないので面倒くさい」という声を聞きます。意見がないわけではなく、それに伴う責任まで負いたくないと思っているようです。

以前は本音で話し合っていた組織にもこのような変化がみられます。

本書の中で、しばしば日本の若い人たちについてあれこれ語っていますが、実は大人だってコミュニケーションの問題は根深く抱えていると感じています。

日本社会全体で「職場の重要な会議でも、決して核心を突いた発言はせず、とりあえず同調したような態度を取るほうが平和的だ」と思う人が増えたかと思います。

実質的に全員賛成で物事が決められていくのに、誰もが腹の中で異論をくすぶらせている。

反対意見を表明する手段は辞表を出したり役職から降りたりすることがあるとも耳にします。

多くの人に「相手の考えを否定するのは気がとがめる」という思いと、「自分の意見を否定されるのはたまらない」との思いが同居しているように見受けられます。

反対意見を提示されると、自分の人格を否定されたように受け止めて落ち込みます。

しかし、**私は自分の考えを否定されても傷つきませんし、むしろ自分の人格を認めてもらっている**と実感します。

大学の会議以外でも食事会やお茶をしているとき、私がある人の意見に異論を唱えたのをきっかけに、その人からすっかり避けられてしまった経験もあります。「サコさんにめちゃくちゃ駄目出しされた」と言うのです。

これでは学長となったら、一緒に食事をする人が減るばかりですね。

最近少しずつ状況が改善してきました。「反対意見を口にしても許される」と気づいた人たちから、少しずつ意見が出てくるようになったのです。しかも、ただ反対するだけでなく、自分の意見や代替案を提示するシーンが見られるようになりました。

要するに、心理的安全性が確保されれば、みんな自分の意見を表明できるようになります。

どんな組織でも時間をかければ本当の意味で協調する場になります。

表面的な衝突は少ないほうがいい、自分だけガマンするのが美徳というのは間違いです。

人に流されない心の「ヴォイス」を持つ

本音で生きることは非常に大事です。

やりたいことがあれば素直に口にする。それだけで、大きく展望が開けるようなケースが、きっとたくさんあるはずです。

逆に言うと、本音で希望を語らなければ、チャンスを失うリスクが高まります。

私は生まれ育ったマリ以外では、中国と日本に暮らした経験があるため、「二つの国を比較してどう思われますか？」という質問をよく受けます。

中国で良かった点を挙げるとすると、本音でケンカができたことです。

中国の人は、いつも本音でぶつかってくるので、衝突したとしてもお互いにストレスを抱え続ける心配はありません。

しかし、日本では多くの人は本音を押し隠しながら生きています。表面上の人間関係は平穏なのですが、言いたいことが言えずにストレスをためています。

では、日本人のすべてが自分の率直な意見を表明せずに生きているのかというと、決してそうではありません。

実は、「空気を読む」ことを知る以前の子どもたちは、かなり素直に自分の思ったことを口に出します。

私は京都府で名誉友好大使という肩書をいただいていて、府内・市内の幼稚園や保育園、小学校で子どもたちと触れあう機会もしばしばです。

小学生は、第一声にこんな質問を投げかけてきます。

「ナスビ・タコさんは、なんでそんなに黒いの？」

まず、大人からは絶対に出てこない質問でしょう（ちなみに、「ナスビ・タコ」は小学校などでの私の呼び方です）。

小学生からはよく受けるこの質問には、あらかじめ回答を用意してあります。

「テニスばかりしているから、日焼けしたんだよ」

すると、子どもは真剣に次の質問を考えます。

「でも、僕のお父さんもテニスをやっているのに、そんなに黒くないんだけど」

「それは君のお父さんの練習が足りないんだよ」

「じゃあ、もっと練習するように言っておくわ」

保育園では、また別の質問が出てきます。

「どのくらい?」

「ん?　どのくらい?」

いきなり尋ねられて、最初は何が「どのくらい」なのか意味不明なのですが、聞いているうちにわかってきました。その子は、親御さんから「ちゃんと顔を洗わないと顔が黒くなるよ」と言われており、私がずっと顔を洗っていないと思ったようでした。つまりは、「どのくらい顔を洗ってないの?」ということ。

私が「2か月」と答えると、その子は驚いてみんなに「2か月やでー」と言いながら走り回っていました。

そんな楽しい付き合いをしている一方で、大学では奇妙な体験をすることがあります。

教員や職員がお互いに物事をお願いするとき、他人経由でお願いされることがあるようです。これは、私の大学に限られる話ではなく、仕事の面でも直接コミュニケーションをとれない人が増えていると耳にすることがあります。

たとえば、ある組織に所属したいことを自分から直接はっきり言わず、「周囲から『あなたに適している』『やったほうがいいのでは』と言われた」という体裁を取り繕って、間接的に提案してくるケースもあります。こういう話を聞くと、自分がやりたいなら「やりたい」と言えばいいのでは……と思ってしまいます。

私は長く日本に住んでいるので、なんとなくそうした人たちの気持ちはわかります。企業や大学などあらゆる組織で、自分の本音を他人に言わせてスムーズに話を進めようとする人が増えているそうです。でも、もしそれが自分の人生がかかる決断だったら、そんな〝伝言ゲーム〟をしていて本当に大丈夫なのでしょうか。

日本には、お酒の場では腹を割って本音で話せる文化があるのも知っています。これもちょっとずるいな、と思います。

お酒の力を借りて口にする本音って、どうなのか。しらふでいるときはずっと本音を隠しながら生活しているということなのか。

考えれば考えるほど謎です。

しかも、せっかくお酒の場で本音を語ったと思ったら、翌日にはすっかり「なかったこと」になったりするからやっかいです。

昨夜はめちゃくちゃ盛り上がって、「明日、職場に行ったらこんなことをするんだ！」と気勢を上げていた人が、一夜明けると元通りの顔に戻っていて、何一つ動こうとしないのを見ます。

「あれだけ期待させておいて、何もないの？」とがっかりします。

お酒の場で本音が言えるのなら、日常でも本音で語ってほしいし、お酒の場でいったん口にしたのなら、せめて責任を取ってほしいのですが、そんな大人たちを見てどう思いますか。

本音とは、自分のもっとも重要な心の声、あなたのヴォイスです。

時として、人生を切りひらくことにもなれば、人を傷つけてしまうこともあります。

そんなものを、何かの力に頼って吐き出したつもりになっていると、ますます予測不能なこれからの社会でただ流される人生を過ごすはめになってしまうでしょう。

遠慮するくらいなら甘えていい

私が京都大学の学生だったころ、先生と学生の関係は今よりもっと親密というか、裏表がなかったように思います。

当時は、毎晩のように先生や研究室のメンバーとご飯を食べに出かけ、先生からは時々ご馳走になっていました。それどころか、先生の行きつけの飲み屋さんで、勝手にお酒を飲み、勝手に先生のツケにするなんてことも学生によってはあったようです。

それは当時の先生たちに包容力や寛容の精神があったというのが大きな理由でしょう。私が師事した先生たちは、みんな鷹揚《おうよう》で懐の深い方たちでした。

今の私がその域に到達しているかと聞かれれば、残念ながらちょっと自信がありません。

ただ、学生の側にも先生の懐に飛び込む屈託のなさやコミュニケーションスキルがあったようにも思います。

というのも、**私から見て今の学生たちは異常なまでに人間関係に萎縮《いしゅく》しています。**

京都精華大学の教員になったとき、毎晩のようにゼミの食事会があり、時には私も快く支払いました。しかしこの頃は、ゼミ終わりに、学生に向かって「今から飯に行こうか？」などと声をかけると、必ずといっていいほど次のような質問を投げかけられます。

「それっていくらかかるんですか？」

「先生のおごりなんですか？」

そう聞かれると、なんというか、急に醒《さ》めてしまいます。「もう今日は帰ったほうがええかな」みたいな気持ちになります。

もちろん学生におごるのが惜しいわけではありません。私だって、先生のすねをさんざんかじってきたのです。言われなくても、おごる気満々なのです。

でも、お店に行ってもいないのに、「先生のおごりですか？」は違うのではないでしょうか。

学生が先生に迷惑をかけたりご馳走になったりするのは当たり前です。中途半端に気をつかわないでほしいのです。

ある学生との間に、こんなエピソードもありました。

その学生は、あるとき自殺を思い立ち、私にメールで「予告」してきました。

ところが、私はたまたまそのメールを見事に見落としていました。何も返事をしないまま、2日間が過ぎました。

メールに気づいた私は、慌てて返信しました。

「自殺する気力があるのなら、そのエネルギーを取りあえず卒論や研究にかけてくれへんか？　自殺するなら、卒論を書き終えたあとで相談しましょう。遅くないやろ？」

また、すぐ電話で連絡をとって聞いた話では、**私からの返事をひたすら一人で待ち続けていた**そうです。

今となっては笑い話ですが、「もう一度メールを再送しようか。でもそれは格好悪いし……」などと逡巡《しゅんじゅん》していたようです。

結果、その学生は、私の対応に元気を取り戻し、優秀論文を書きあげてくれました。

それから10年以上は経ちますが、もちろん元気に生きていますし、研究室に遊びに来ることもあります。

人によっては、「どうしよう！　警察を呼ぼう」などと対応したかもしれません。けれども、本当に必要なのは、相手に正面から向き合い、正直にコミュニケーションをとることだと考えています。

この学生は、一人の人間として、私に向き合ってほしかったのです。だから私の返事に人間的な親しみを感じて安心したのです。もちろん、「自殺をしたい」とフランクに相談されるのは少し困惑しますが、それでも悩み相談に乗ったと思います。

友人や先生におかしな遠慮をする必要はありません。

素直に自分の気持ちをぶつけて話をすればいいのです。

人に甘えられる期間など、振り返ってみれば、ごく一瞬に過ぎないのですから。

世界で求められる、批判への冷静さ

日本では、自分の感情を表に出さないのと同時に、相手の感情を読まなくてもコミュニケーションは成立できると言われています。

それで意思の疎通ができれば問題ないのかもしれませんが、現実にお互いに誤解が生じているケースが多々あります。

表に出さないから表面上はトラブルがないように見えるだけ。心の中では不満や後悔をため込んでいる人がたくさんいます。

「あのとき、何であんなこと言ってきたんだろう。許せない」

「今考えると、あそこで冷静に受け止めていれば、こんなにこじれなかったのに」

など、考えても仕方ないことを考え続けるのです。

何かを途中まで言葉に出して、続きを相手に想像してもらう会話のやり方にも疑問があります。

「ほら、あの人の場合は……」

「うんうん、そう。あの人ってやっぱり……」

ずっと話を聞いていると、どうやら「あの人は駄目だね」と批判したいらしいのですが、あえて結論は口にせず、相手もそれを察して理解しながら会話が続きます。

「え？　あの人がどうなんですか？」

私があえて真正面から聞き直すと、相手はびっくりしたような顔を見せます。そして口ごもります。

「いや、あの人、ちょっとどうかなと思うことがあって……」

もしかすると、婉曲《えんきょく》的な会話は、平和的に生きていく上で、長らく日本語の強みであったかもしれません。**しかし、異なる文化を持った人が集まってくるグローバル社会では、遠回しな話し方を続けるのはむしろ難しいでしょう。**

相手にハッキリと意見を言わず、不満を受け入れて穏便に済ます態度は、日本の大人の間では美徳として評価されています。だから、主張しない行為をむしろ肯定的に捉えています。

しかし、世界では美徳どころか、不誠実な態度と捉えられる可能性が非常に高いのです。

問題を解決しないまま、ひたすら我慢を強いるコミュニケーションだからです。

言いたいことはきちんと口に出して言う。相手に意見をぶつけて、相手から返ってきた意見を踏まえて、新しい、イノベーティブな価値観を生んでいくことが理想です。

そこでは、相手からの否定的な意見を冷静に受け止める必要があります。

多くの人は、自分の意見を否定されたときに人格まで否定されたと解釈し、怒りや不満の感情を抱きます。端的に言うと、感情的に反応しがちなのです。

しかし、否定されているのはあくまで意見であり、人格は尊重されているのだと理解していれば、穏やかに議論を進めることができます。

冷静なコミュニケーションのために、重要なキーワードの一つが「エモーショナル・インテリジェンス」です。日本でも「EQ（Emotional Intelligence Quotient、心の知能指数）」として以前から知られた概念です。近年になってグーグルなどでEQトレーニングが導入されていることが知られるようになり、欧米を中心に再び注目が集まっています。私も、ＥＱは感情をコントロールするための有効な手段であると考えています。

ＥＱの向上は、相手の考えを読み取りながら冷静にコミュニケーションを取ることにもつながります。

仮に意見を否定されても、感情的にキレるのではなく、相手の意見を落ち着いて分析し、的確に意見を返すことができるというわけです。

おそらく無意識のうちに結論を曖昧《あいまい》にしながら話している人もいるはずです。ときどき話の語尾を自分で意識してみましょう。

自分の意見を濁していないか、相手の意見を妙な人格攻撃と捉えていないか。なにより、相手の人格を否定していないか。

慣れるまで、冷静なコミュニケーションを強く意識してみるのです。

挨拶の価値は、どの国でも不変

コミュニケーションにおいて、マリ人である私の強みを挙げるなら、一つは挨拶を重視していることだろうと思います。

マリにはユニークな挨拶の習慣があります。

朝学校へ行く前に、自分より年上の人と顔を合わせたら、全員と挨拶をしなければならないのです。

挨拶というと、一言で「おはようございます」と声をかければ済みそうですが、マリでは違います。マリの挨拶は極端に長いのです。

「よく眠れましたか」

「家族のみんなは元気ですか」

そんな質問に延々と答え続けるのも挨拶の一部です。何しろ、**挨拶だけで優に5分はかかることもあります。**

しかも、そのやりとりは絶対です。たとえ学校に遅刻しても省略は許されません。仮に適当に済ませようものなら、後でとんでもないことになります。なんとも大変な習慣でしょうか。

今、日本に住む私のところに、マリの故郷から電話がかかってくる機会があります。やはり本題に入る前に、この長い挨拶が始まります。

通話の相手から、近所の人や職場の人の体調などを次々に聞かされます。「もう知らんがな！」と、途中で打ち切りたくなります。

日本でも、挨拶は基本的な礼儀として重んじられています。けれども、同じコミュニティの中にいると、相手への馴れからか、どうしてもおろそかになってしまいがちです。

前日の夜、一緒に食事をしたのに、次の日すれ違っても挨拶をしてもらえないケースがあります。相手は、なぜか下を見てうつむいたまま通り過ぎようとするのです。明らかに私に気づいているはずなのに、と不可思議に思います。

1週間ほどの外国出張から帰ってきたときには、残念な思いをすることもあります。外国ではタフなスケジュールで仕事をしますし、何かと不便です。私としては一生懸命頑張って帰国したつもりなのですが、家族からも職場の人たちからもかけられるのはせいぜい「お帰りなさい」の一言。

マリ式の長々とした挨拶を要求しているわけではありません。
「事故も何もなく、ご無事で良かったですね」
「あちらはどうでしたか？　仕事でしょうけど楽しめましたか？」
せめて、1分でもそんな会話でねぎらってくれてもいいのに、と思います。私が甘えすぎでしょうか。

職場の仲間たちのためにチョコレートなどのお土産を買ってきても、「ああ、どうも」と言われるくらいですが、私が期待しているのはお土産話で経験を共有することです。

マリでは同じコミュニティの人たちが、常に一緒に生きるという意識を共有しています。ですから、何か問題が起こったら、自然とお互いに助け合いながら解決を図ります。

日本の会社でも、日常的に挨拶を通じてコミュニケーションが取れていれば、何かあったときに助け合いやすいのに、と思います。

だから、私は自分の子どもたちには「挨拶を徹底しなさい」と教えてきたつもりですが、日本社会に染まっているためまだまだ私の理想に達していません。

もしかしたら「挨拶くらいはしている」「そんなの、言われなくても大丈夫」と思っているかもしれません。

一度立ち止まって、自分の挨拶を見直してみませんか？

挨拶はどんな国でもコミュニケーションの基本です。挨拶を大事にするだけで、人間関係は好転するのです。

SNSの〝激流〟ではあえて立ち止まる

SNSを通じてのコミュニケーションは、時間がたつごとに加速度的に増えています。SNSは多くの人にとってプラスとなる情報をシェアする上で非常に有効です。反面、デマやフェイクニュースなど、ネガティブなものも氾濫《はんらん》しています。

SNSが匿名でネガティブな発言をする場として使われているのも事実です。加えて、ネット空間はマイナスの言説で盛り上がりやすい傾向もあります。いわゆる「炎上」です。私もネット上で好き勝手に書かれているのですが、多くが根拠のない情報ばかり。「匿名だったらどんな誹謗中傷をしてもいい」というのは、やはり問題があります。

もっとも、これは日本だけの問題ではなく、世界的な潮流でもあります。インターネットの普及が世界のグローバル化を牽引《けんいん》したのと軌《き》を一にして、感情の動きが世界的に均一化しつつあります。

誰か特定の人の発言や行動が問題視されると、みんな無批判に同調する。雪崩《なだれ》を打つように攻撃をし始める。これは普遍的な傾向であり、かなり危険を感じます。

特に、ネガティブな情報に四六時中浸かってネガティブな情報を発信していると、自分の中に負のイメージが作られていきます。あらゆる物事をネガティブにとらえるようになり、自分で自分を傷つけるようになります。

SNSに関わっていくときには、メディアリテラシーの重要性がますます高まっています。

しかし、その本質はなんなのか。

情報を正確に読み取る力といっても、漠然としてどうすればいいかわかりません。

私は、**メディアリテラシーとは「自分の価値観を持つこと」**と解釈しています。

より具体的に言うと、何かの情報を見聞きしたときに反射的にコメントするのではなく、いったん立ち止まるべきです。そして、その情報を複数の視点から調べてみるのです。

何かの犯罪が発生したとき、無実の第三者を犯人であると特定する書き込みが拡散されます。いわゆるフェイクニュースです。そういったフェイクニュースは人の素朴な正義心に訴えるので、「善意」のもとあっという間に広がります。

しかし、こういった情報に接したときこそ、自らの価値観に基づいて、きちんと検証する態度が求められるのです。

私が授業などで疑う態度の重要性について話すと、学生から「そうやって何もかも疑うのは生きづらい社会だ」と言われることがあります。

もちろん疑うことは、愉快な行為ではありません。

しかし、**疑う不愉快と、間違った情報で被害を受けたり誰かに被害をもたらしたりするデメリットを比較したならば、どちらを選ぶべきでしょうか。**それは一目瞭然でしょう。

疑いを持って情報を確認するときこそ、自分の価値観が大きな力を発揮します。

インターネットが持っている多様性や多角的な視点を調べてみる。

さまざまな視点から見た上で考えをまとめて、アウトプット。

そのプロセスの前提に、自分が何を大切にするのかという価値観が定まっていないと、一見して多数に見える意見に流されますし、正しい情報を見定めることもできません。

ＳＮＳ上で瞬間的に発信してしまいがちな人は、自分のリアクションが自分の価値観に従っているものなのか、改めて見直してみましょう。

たった一言の重みが変わる時代

インターネットを通じてつながる人々の感情は似たようなものになっていく、つまり均一化する傾向があります。

では、どうして感情が均一化してしまうのか。

一つの理由として、インターネットの世界が「みんなの承認を得ること」に価値を置いているからと考えられます。

要するに、SNS上などでみんなから評価・賛同してもらえるかどうかを意識するあまり、一人ひとりの個性が失われかけているのです。

SNSなどでメッセージを発信するとき、誰もが「どう読まれるか」を意識しています。

もちろん、「どう読まれるか」を意識する行為自体は重要です。

ただ、それを意識しすぎると、自分が伝えたいメッセージを伝える以上に、受け手からの評価を重視するジレンマに陥ります。要するに、受け狙いのメッセージに終始してしまうのです。

私が見る限り、インターネットは多くの人に迎合するポピュリズムに偏りつつあると感じます。

残念ながら、「人を良い方向へ導く」「価値ある情報をたくさんの人とシェアする」というポジティブな効果は、少し影を潜めているように思えます。

ＳＮＳで高評価を受けた商品やサービスには、マーケットにおいて高い値段が付くようになっています。インターネットで支持を集めたアイドルグループが、商品としての価値を高めている現状もあります。

インターネットによるポピュリズムが、モノの価値を左右する時代になっているのです。

「みんなが買っているから私も買わなければいけない」

そういった心理の中で、消費のシステムがどんどんマスでポピュラー的なものに移行しています。

何度も繰り返しますが、私はインターネットで世界の人がつながる現状を肯定的に捉えています。ただ、その際には責任を自覚する必要があります。

今は、不特定多数で、匿名性が高い環境だからこそ、一人ひとりの責任感が軽くなっています。**軽い責任感の中で、安易に発言や商品に賛同してお互いにポピュリズムを助長しています。**

まずは、その状況を冷静に捉え、「本当に自分は自由な意思で発信しているのか」を問う必要があります。

例えば、ポジティブな情報だからといって、やみくもに「いいね！」でリアクションするのも考え物です。

私の周りにも、友人が10枚の写真をフェイスブックにアップしたら、10枚すべてに「いいね！」をつけるような人がいます。こうなってくると、共感しているというより、無感情のまま自動的に反応しているかのようです。

「ここで『いいね！』をつけておけば、自分の投稿にも『いいね！』で返してくれる」

「もし『いいね！』をつけなかったら、友達としての優先順位を下げられてしまうかもしれない」

そんな打算とも恐怖心ともつかない感情が透けて見えます。

むやみに「いいね！」をつける行動は、私たちの弱さの表れでもあります。相手に認めてほしいから、「いいね！」をつける。**相手に依存し続ける限り、自立的に生きるのは難しくなります。**

だからこそ、簡単に「いいね！」をクリックしないでほしい。「いいね！」をクリックするかどうかなんて些細に思えるかもしれませんが、実は主体的に生きることと深く関係しています。

そういう意味では、私の投稿に「いいね！」をつけてくれる友人全員に感謝をしています。彼らは心から「いいね！」と感じていると思うからです。

あなたは本当に自分の意思でクリックしていますか。

たとえば今日、隣人に声をかけたか？

身近な学生を見ていると、孤独に悩んでいる人が少なからずいます。

「自分のことを理解してくれる人がいなくて寂しい」

「大学の中でもひとりぼっちのように思える」

そんな悩みを相談されることもあります。ただ、そういった人たちは「空間」だけで孤独を捉えているのでは、とも感じます。

例えば、ほんの一昔前は、私が故郷に暮らす家族と話がしたいとき、1～2か月に1回電話をするくらいしか手段がありませんでした。

ところが今では、スマホでWhatsApp Messengerのアプリを立ち上げれば、気軽に無料通話が可能です。時差さえ認識していれば、もはや世界中の誰とでも会話をしたりディスカッションしたりできます。

そう考えると、時代とともに孤独を感じる環境は小さくなっていると考えるのが自然です。つまり、今孤独を感じている人は、あえて孤独を選んでいるのです。

いつでも孤独という枠から抜け出せるはずなのに、出ようとしない。出ようとしないことで、心理的に孤独感が増すという悪循環に陥っています。

その証拠に、孤独を訴える人たちとスマホで通話すると、あきれるくらいずっとしゃべり続けます。ＳＮＳでメッセージを求めると、びっくりするくらいの長文を送ってきます。

つながる手段がいろいろあって、それを使いこなす力も持っているのに、なぜか「自分は弱い」「孤独だ」と思い込んでいるのです。

もっとも、そういった人にすべての問題があるかと言えば、決してそうとも断言できません。

社会全体に多様なものを包み込むような、つまりインクルーシブ（包括的で支え合う）な発想が欠けているのも事実でしょう。

近所で一人暮らしをしている老人がいたとして、多くの場合は一定の距離を保って接していいます。面と向かえば挨拶したり、「そう言えば、あのおばあさん、最近見てへんな」と思ったりはしても、それ以上の関わりを持とうとはしません。

「おばあさん、今度買い物行くときには私に声をかけて。時間があるときに手伝ってあげるから」

「あのおばあさん、一人で暮らして大変やから、買い物行くときには助けてあげるんだよ」

と働きかける人は今となっては非常に稀でしょう。

私は過疎地を研究する一環で、京都府南山城村の高尾地区というところに、同僚の先生と地区の方々と一緒に図書室を作った経験があります。「高尾いろいろ茶論《さろん》」と名付けたそこは、名前の通り一緒にお茶をしながら輪を作るサロンを意識したものです。

ところが、利用状況を1年間モニタリングした結果、利用した人の数はたったの二十数名。コミュニケーションの場を作っても、参加する人が出てこなかったのです。

別で行ったアンケートの結果でわかったのは、「本当は行きたくても一人では行けない」という意識でした。

誰かが声をかけてくれれば行きたいけれど、誰も声をかけてくれないから行けないのです。

あるいは、こんな事例もあります。

私は昔、近所に住むあるおばあさんの家の合鍵を預かっています。そのおばあさんとは、長年親しく付き合ってきました。私の子どもたちが小さいころから面倒を見ていただいたり、お菓子をいただくなど、何かにつけて可愛がっていただきました。

ですから、今私の子どもたちは体が弱ったおばあさんに代わり、必要なときにおばあさんの愛犬の散歩を自主的に買って出ることもあります。可愛がってくれた近所のおばあさんに恩をお返しする。普通にいいことだと思います。

何かあったときのために合鍵を預かっているのも、信頼関係の表れとして素直に受け止めてきました。

しかし、あるとき何かの雑談で、日本人の知人に近所のおばあさんの話をしたところ、知人の顔がみるみる険しくなりました。

「合鍵を持つのは問題じゃないか。何かトラブルがあったとき、真っ先に疑われるぞ。いいから早く、その鍵を返せ」

私は「どうしてそんなにネガティブに考えるのだろう」と悲しくなるのですが、多くの人にはこの知人の懸念が理解できると思います。

「サコさんのやっていることは非常にいいことだと思うけど、合鍵を持つのは確かに問題だよね」

そう考える人が一定数いることでしょう。だからといって、日本に犯罪が多いわけではないのもよくわかっています。

ただ、**「もうちょっと社会って、大らかなものなんちゃうかな？」**と思ってしまいます。

社会に対して「一緒に行こうよ」「手伝いましょうか」と声をかけられるような、包み込む発想を自分からもつ。

そうすれば、孤独に悩むところから一歩を踏み出せますし、自分を取り巻くコミュニティもきちんと機能していくことでしょう。

自ら何もしなければ、理解し合えない

「孤独を解消するのは、いつも些細なことだ」と、私は前向きに考えています。

例えば、大学に新入生が入学してきたとき、私はガイダンスや初回の授業などで意識的に学生同士が話をするチャンスを作ります。

新入生は、素直で物事を受け入れる姿勢を持っています。グループでディスカッションなどに取り組んでもらうと、最初は多少ぎこちなくてもすぐに慣れます。初回の授業でコミュニケーションを取った人と親しくなるようなことが頻繁に起こるのです。

逆に言うと、こういった小さなチャンスを失うと、お互いに関わらないまま大学の4年間を過ごすことにもなりかねません。

実際、同じゼミに所属しているのに、お互いに名前を知らない学生がいるという驚くべき話を耳にすることもあります。

名前を知らないのだったら聞けばいいのに、と思うのですが、その一つの質問にハードルがあるようです。

「今さら名前を聞いたら失礼かもしれない」

そんなふうに意味のない気を遣い、お互いを遠ざけてしまっています。

結果として、一人で寂しく思うことが増えていくだけです。

ある学生の研究で、「老後ニート」の居場所づくりというものがありました。就学・就労・職業訓練のいずれも行っていない人を指すニート（NEET）ですが、定年後にニートのような暮らしをしている人について調べていたのです。

調査をすると、老後ニートの人たちは誰ともコミュニケーションを取っていないのです。

たとえば、ある人は、朝、会社員時代と同じ時間に外出するところから始め、バスに乗って様々なところを回ります。また、お昼になるとコンビニかデパートをブラブラしつつランチを取り、午後は図書館で新聞を読んだり、本屋さんで立ち読みをしたりして、やはり会社員時代と同じ時間に帰宅……。

こんな生活を判で押したように繰り返しているのです。

どうして、自分の属しているコミュニティで居場所を見つけられないのか。

長年の社会人経験から、最低限のコミュニケーション能力は持っているはずです。

しかし、会社から与えられた役割に応じてコミュニケーションはできても、自ら役割を選び取ることができないのです。身近なコミュニティや地域に貢献できるスキルや時間的余裕を持っていることに気づいていても、それを自発的に提案できないのでしょう。

私は、**人間関係はコミュニケーション能力以前に、「きっかけ」を作れるかどうかが重要**だと考えています。

きっかけを作りたかったら、小さな行動を始めればよいのです。本当に些細なことでいいでしょう。

例えば、自宅周辺や近所の掃除を始めるだけでもいい。

そうすれば、犬の散歩をしている人に「ご苦労様ですね」「いつもありがとうございます」と声をかけてもらえるかもしれない。そうすれば、少しずつでも自分が社会とつながっていくことを実感できます。本当に、単純なことです。

「コミュニケーションを取らないほうがつらくないし、楽だ」と考えてしまうのもわかります。

それで生きていける環境も整っています。

ただ、その安易な生き方を１％変えるだけで、孤独は和らいでいくのです。

「シェアするもの」を増やしていく

「シェアする」とは、同じものを興味の対象にするという意味ではありません。別に同じ趣味など持たなくてもいいです。それはさほど大事なことではありません。

大切なのは、相手の趣味に好奇心を持って知ろうとすること。

あるいは、自分の趣味について相手に説明して理解してもらおうとすることです。

そうやって、何かをシェアできる人を増やせば、趣味が異なる人同士でもつながっていくのです。

大学のある教え子のAさんについてお話しします。

Aさんは、大学に入学するまで引きこもっていた時期がありました。私と話すと、確かに、コミュニケーションが少し苦手そうでしたが、頑張っていろいろな人と関係を作っていて、仲間に囲まれてとても楽しそうに大学生活を送っていました。

中でも特に仲良しになったのがBさんでした。

AさんはBさんともっと親しくなるために、趣味を共有しようと考えました。そしてBさんが趣味にしている読書を自分の趣味にしました。Bさんからオススメの本を教えてもらって読むようになったのです。

そうやって一年が経ち、新しい学年を迎えたとき、Aさんがオリエンテーションに参加すると、そこにはBさんの姿がありません。

「Bさん、何で来てないの？」

Aさんが別の友達に聞くと、こう答えます。

「知らないの？　Bさんは休学するって聞いたよ」

その日、私の研究室に泣きながらAさんが入ってきました。

「Bさんは休学するって、どうして私に言わなかったんだろう。私は友達として認められてないいってことなんですか？」

Aさんにしてみれば、趣味まで合わせて仲良しになったつもりだったので、第三者から休学すると聞かされるのは裏切られたような気分だったのでしょう。

しかし、私には一方的に誤解しているようにも思えました。

「なんで泣いてんねん。泣いて解決できるの？」

「でも、ショックなんです」

「だったら聞いたらいいんじゃないの？『さっき学校で休学するって聞いたけど、ほんま？どうしたの？』と」

「いや、私に言っていないのは、Bさんが私と距離を取ろうとしているということじゃないですか。だから、もういまさら聞けないです」

「休学のバタバタで言い忘れているだけかもしれないでしょ？」

結局、Aさんはストレスから体調を崩してしまいました。**一人で悲観的に解釈して一人で苦しむなんて、おかしいと思いませんか。**もしかしたらBさんは留学や旅行のために休学しているかもしれないのに。

そこで、大学で二人が直接会う機会を作ってもらいました。

当日、Aさんは。Bさんに休学について伝えなかった理由を問うこともなく、自分が体調を崩した経緯を伝えるでもなく、ただ楽しそうに本について話しているのです。一瞬ですっかり元の仲良しに戻っていました。

肩すかしを食らったのは私です。あの相談は何だったのか。時間を返してほしいくらいでしたが、とても勉強になりました。

Ａさんのように、趣味を合わせて友達になったつもりでも些細なことで疎遠になるケースは多々あります。

また、無理に共通項を作った結果、我慢しきれなくなっていきなり断絶という手段に出る人もいます。

共通項作りは人間関係の本質ではありません。「友達＝同類」である必要はないのです。

友達は似たような価値観や関心事の持ち主で、それ以外の人は友達ではない。こういう線引きは、間違っています。

むしろ違いがあることに関心を持ち、「どうしてそうなの？」と教えてもらえるような関係が理想です。自分とは異なる世界に生きる人から教えてもらえば、勉強になります。自分を成長させることもできます。

友達に無理に合わせなくても大丈夫。

お互いの違いを認め合い、違いを持ったまま一緒に成長していけばいいのです。

相手と同じ趣味を持たなくても、人間は他人と友達のままでいられます。違って当たり前なのです。

第4章

激変し続けるグローバル社会で「働く」

仕事を理由に犠牲にしていいものはない

仕事はあくまで手段です。何かの目的を達成するために「仕事」という手段を用いる。これが前提だということを忘れないでください。

では、目的とは何かというと、幸せになることです。社会や家族を幸せにする、あるいは自分が幸せになるために仕事をする。仕事で得た給料を使い、あるいは仕事の経験を通じて自己実現をしていくのです。

ところが多くの人は、いつの間にか仕事を目的として捉えてしまっています。

仕事を理由に家族を、友達を、恋人を、そして自分までも犠牲にする。どれも仕事を目的としているからに他なりません。

仕事を目的にすると、仕事に飲み込まれます。いつまでも仕事の海に溺れ、仕事から抜け出せなくなります。幸せになれるかどうかは、二の次になるのです。

ですから、もう一度目的を問い直してください。

「幸せになりたいから仕事をする」

このスタンスを明確に持っている必要があります。

仕事が手段になれば、仕事上の役職や仕事で得られる給料なども、当然ながら手段の一つとして位置づけられます。

「部長という地位を使ってやりたいことを実現する」

「上がった給料を使って趣味や勉強にあてる」

「家族・パートナーを幸せにする」

そういう発想が自然にできるはずです。

例えば、私は今、京都精華大学の学長という役職についています。メディアのインタビューなどで、しばしば次のような質問を受けます。

「サコ学長は外国人として初めて学長となられたわけですが、今、最終目標を達成されてどのように思われますか？　これで日本に骨を埋めても悔いはない、といったところでしょうか？」

そういう質問を聞くと、ドキッとします。

「え？　いったい誰の最終目標ですか？」

逆に質問したくなります。

私は大学の学長を最終ステップだなどと考えたことはありません。学長はあくまでも手段の一つです。

それを手段として自分が勤めている大学に貢献しながら、様々なことを学ばせていただくチャンスをもらい、アフリカをはじめ地球のことを考え、取り組むきっかけも与えてもらえます。

この学長職を通して、「教育とは何か」「社会や幸せ、多様性と平等とは何か」をさらに考えることができると期待しています。

また、学長という手段を使って、私は自分の夢を追求しようとしています。

大学の学長という立場には発信力があります。いろいろな人に自分の声を届けることが可能です。その発信力は、自分の夢を実現するにあたって重要な手段だと考えています。

第一、大学の学長になるのが最終ゴールで、学長になったらそこで終わりなんて、寂しい人生ではないですか。

仕事を目的化すると、仕事に対する執着心が大きくなります。

仕事を他の人とシェアしたくない、自分の仕事を奪われたくないという気持ちが強くなり、必死で仕事にしがみつこうとします。

結果的に、心身ともに自分を追い詰めてしまう気がしてなりません。

「幸せになること」の具体的な方向性は人それぞれです。けれども、あくまでも仕事は手段に過ぎないのです。

仕事も多様化するなか、「好き」が強みになる

では、どうして仕事が目的となってしまうのか。

大きな理由は、先行きの不透明さにあります。ニュースを見ればわかるように、私たちは常に不安をあおる情報の中で生活をしています。

「少子化・高齢化で経済は先細りする」

「このまま行けば年金制度が崩壊しかねない」

こういった社会不安が渦巻く中、大学生、あるいはその親たちは安定志向に拍車がかかっています。

今の大学生たちは、物心ついたときから不景気な日本しか知りません。幼いころから「この国の先行きは暗い」と言われ続けています。

「先行きが暗いのなら、慎重に安全に行かなければ」

「どうせ幸せな未来など待ってはいない。だから、今ある小さな居場所をどうにかして保持し続けなければならない」

そう思うのも仕方のないことです。


何でもいいから安定した企業に正社員として就職したい。これが目的のすべてとなり、そこから逆算して「就職を保証してくれる大学に入学する」「就職に有利そうなアルバイトをする」などの行動を取る人が大量に生み出されています。

京都精華大学は比較的〝マシ〟かもしれませんが、多くの大学は就職予備校へと変容しつつあります。

私自身の子どもも、大学2年生からインターンとして企業で研修を受けるなど、早くも就職活動にどっぷり足を踏み入れています。企業体験やインターンは確かに有意義ですが、私はそれらが就職・採用に必ずしも結びつかなくても良いのではと思っています。

基本的に、大学生は3年次から就活モードで動いています。4年生の後半になっても就職が決まらない学生がいると、親から不安の問い合わせが入ります。

ちなみに京都精華大学の就職率が、他大学と比較して低いという事実はありません。親たちは口にこそ出しませんが、内心では「『就職内定率が高い大学』という世間の評価や見方が変わるのは大丈夫か？」と思っています。

とはいえ、大学側にもそんなに強がってもいられない事情があります。就職率85％以上を達成できるかできないかで様々な機関がこの指標を参考に補助金の内容を決める場合があります。学問を追求するものにとって非知性的なルールだと思っています。補助金の有無は死活問題かもしれませんが、生き残るために、「知性」でなく「技術」を身につける場に甘んじている大学が数多くあります。

就活に熱が入れば入るほど、若い人たちの知に対する好奇心は減退します。残念ですが、国と大学が一体となって、学生の知に対する関心をスポイルしているのです。

ただ、そんな中でも、京都精華大学の学生たちには好きなことと仕事を結びつける可能性を探ってほしいと考えています。

安定志向で就活をする学生は、「趣味」「やりたいこと」「楽しいこと」と仕事はまったく別物と捉えています。

かつては職業選択の幅は限定されていたので、就職したら好きなことをあきらめるという考え方が一般的だったかもしれません。

その延長線上で、今の学生も、就活が始まると急に興味のなかった業界について調べたり、まったくタイプの合わなそうな企業にも採用試験を受けに行ったりします。みんな、わざわざつらい思いをしながら就活をしています。焦っているし、楽しそうではありません。

しかし、**今の時代は仕事が多様化しています。好きなことを仕事につなげる余地は十分にあります。**

ゲームが好きな人には、ゲーム会社に就職する以外にも道はあります。ゲーム作りの発想を、何か別の商品企画に応用するなど、やり方はいくらでもあるのです。

好きなことを仕事に活かす発想を持てば、就職先や職種の選び方は変わってきます。ぜひ、好きなものを仕事に結びつける発想で行動してください。

5年後の自分は何をしているか？

慎重に進路を選択し、納得のいく就職をしたつもりでも、入社後2～3年以内に離職してしまう人が結構います。私自身、そういった人から進路相談を受ける機会もあります。

新卒で入社した会社を離職するのは、決して珍しい出来事ではありません。厚生労働省の「新規学卒者の3年以内の離職状況」（2019年）によると、大学卒の場合、32・0％が入社3年以内に離職しているとのデータがあります。

離職自体に良いも悪いもありません。何か別に相応しい仕事を見つけて転職する、あるいは別の道を見つけて進めばよいだけです。

ただ、決断は自分の意思で行うべきです。

「親から勧められた会社に就職したけど、上手くいかなかった」

「みんなあこがれていると言われている会社に入ったのに、実際はつまらない仕事ばかりやらされた」

そうやって他人の目を意識している限り、何をやっても継続は難しいのではないでしょうか。

あくまでも選択をするのは自分自身です。**「誰かに言われたから」を言い訳にしてほしくないですし、必ず自分で何らかの目標を設定してほしいのです。**

私が仕事を辞めてしまった卒業生の相談に乗るときには、事前にいくつかの選択肢を準備してほしいと伝えています。そして、話し合いの中から本人がやりたいことを引き出して、その道に進むよう助言しています。

ある卒業生の一人には、知識を身につけるために大学院への進学を提案しました。本人の意思である大学の研究室に入ったのですが、半年後くらいに再び相談にやってきました。

「大学院で学ぶことの意義はわかるのですが、やっぱり私には勉強が向いていないと気づきました」

「向いていないなら仕方がない。じゃあ、あなたは何がしたいの？」

「今は目の前のアルバイトを一生懸命やるだけで、時間だけが過ぎていく感じです」

「本当にやりたいことがあれば、アルバイトへの取り組み方もやる気も変わってくるよ。そこを考えたらどうですか」

こんなふうに、やりたいことを一緒に考えていくのです。

「やりたいことが見つからない、よくわからない」

これは多くの若者が抱える悩みなのかもしれません。やりたいことを見つけるためには、とにかく一歩踏み出すことが大切です。何もしないまま部屋に閉じこもって「やりたいこと」を考えるのは困難だからです。

ボランティアでもアルバイトでも旅でも、とにかく社会に関わってみるのが第一歩となります。あるいは好きな読書や趣味に主観的かつ客観的に取り組んでも良いでしょう。そこで何かヒントとなる発見や学びがあるはずです。

あるいは、**5年後、10年後の自分を想像してみるのもよいでしょう。**

「5年後は東京で作家をしている」

「10年後はパートナーと子育てに追われている」

など、将来の自分がどのような生活を送っているかを想像します。

もちろん願望が入っていてかまいません。その想像から逆算すれば、今何をしたらよいかが見えてきます。

もし、想像すら難しいのであれば、仕事をどうやったら楽しくできるのか、あるいは仕事を自分の好きなこととどう結びつけられるかを考えてみてください。

前述したように、仕事を目的化すると苦しくなります。でも、手段として捉えれば、多少しんどいことがあっても、その改善のために闘えるし、目標に向かうための経験として受け入れられるようになります。これは「ガマンせ！」ということではありません。

例えば、私は苦手な人と関わる経験も人間関係を勉強するチャンスだと考えています。手段として見れば、苦手な人間関係も肯定的に捉えられます。

目標を見つけること、そして目標の手段として仕事に取り組むことが重要なのです。

AI化する世界で不可欠な「リベラルアーツ」

「AI化で今ある仕事のほとんどがなくなる」

「AI時代に生き残るため、身につけるべき能力とは何か」

今、私たちの周りには、こういったメッセージがあふれています。なんだか、AI化はネガティブな出来事に思えてきます。

計算にしろ、予測にしろ、AIは人間より速くて正確です。識者が指摘するように、多くの仕事がAIによって代替されていくのは確実でしょう。

しかし、私は**AI化ほど幸せな未来はない**と考えています。

「AIが忙しい仕事を肩代わりしてくれるなんて、めっちゃ嬉しいじゃん」

素直にそう思うのです。

今、ルーチンワークで疲弊している人がたくさんいます。それをＡＩが代わりにやってくれるなら嬉しいに決まっています。

ＡＩ化が加速しても、人間にしかできないこともあります。今後、人間はマネージャー的な立場になっていくはずです。ＡＩを活かすのはあくまでも人間です。人間が企画をして、ＡＩを活用していく。ですから、人間の役割は必ず残ります。

ＡＩ化によって、ようやく人間が人間らしい生き方に戻る。私はそんな未来を夢想しています。

人類はこれまで、長きにわたって時間を失う方向に進んできました。そんな生活に革命が起こります。

時間が余れば、自然を大切にするようになります。家族や友人を大切にする時間も増えます。物事を思考する時間も増えますから、本を読んだり哲学的な問題について思索したりするようにもなります。特に問題となるのは消費行動とマスコンシューミングの増加です。

言ってみれば、これはネオポリスの時代の到来です。

ポリスとは、歴史の教科書で学んだ古代ギリシャの都市国家です。古代ギリシャで知識を得られるのは自由人だけでした。自由民は余暇の時間に先進的な都市を計画しました。この計画を実現する上で労働力となったのが奴隷と呼ばれる人たちです。彼らの労働によって高度な都市が形作られたのです。

その後、ローマ時代には土木工学の技術が高度化し、ローマ水道などの遺跡が今日まで残されています。

私たちは、このポリスの時代に再び戻る可能性があります。そこで人間全員が新しい自由人となり、さまざまな企画を考えるようになります。その企画を実現するのは奴隷ではなく、ロボットです。

自分の企画をロボットが形にしてくれ、お金も得られて楽しく生活できる。そう考えれば、ワクワクしてきます。ロボットは私たちの仕事を奪う存在ではなく、私たちはロボットと一緒になって生活に革命を起こしていくのです。

すでに世界では労働力不足が顕在化しつつあります。すなわち、今ある労働力を工夫しながら活用していくことになります。ただ、それでもまだ労働力が不足するかもしれません。

それに対処するためには、**アイデアを生み出せる人間を増やす必要があります。**アイデアを持つ人材が増えれば、少ない労働力でいろいろな仕事ができます。

だからこそ、これから人間の思考はますます重要となります。

事実、欧米の大学では専門知に合わせてリベラルアーツ、つまり人文知や教養知を学ぶ動きが顕著になっています。人間の歴史や人間のあり方、哲学などを学び、新しい時代を切り開こうとしているのです。

残念ながら、今の日本は周回遅れと言うべきか、人文知や教養知を軽視する動きが見られます。明らかに間違った方向に進んでいます。

ＡＩ時代に自由人になるためには、思考力を身につけることが重要です。そこで求められるのは人文知や教養知なのです。

「管理」する職場で多様性は育まれない

近年は、経営の世界でダイバーシティの重要性が語られるようになってきました。年齢、性別、人種、国籍、学歴、宗教などの多様性を認めるだけでなく、むしろ多様性を競争優位の源泉として活かそうとする方向に各企業がシフトしつつあります。

今後、外国籍の人材の採用は拡大し、日本の職場で日本人と働く機会が増えることが予想されます。

私は、ダイバーシティにおいて、日本はポテンシャルを秘めた国であると見ています。ある意味、日本ほど柔軟性のある国はないかもしれません。

日本社会は、もっと多様性が充実し、より豊かになるのではないか。そう楽観的に信じています。

世界を見渡せば、異なる宗教を信仰する人同士が、歴史的に、心理的に、あるいは生理的にいがみ合い、お互いを排除しようとしている現実があります。

ところが日本では、心の底から特定の宗教を嫌う傾向が見られません。多くの日本人は宗教に対して無自覚であり、無意識に適度な距離をとってきた歴史があります。つまり、今の日本ではどんな宗教を信仰している人でも、日本で安心して暮らせる可能性があります。このフレキシビリティは、ヨーロッパやアメリカなどにもない大変なアドバンテージです。

ただし、日本の政府は、典型的なナショナリズムを志向しています。ナショナリズムを志向する国では、国民に対して「外国の脅威からあなたたちを守っていますよ」というメッセージを常に送り続ける必要があります。

だから、一方で外国籍の労働者を受け入れる動きを拡大しながらも、相変わらず「外国人がたくさん入ってきても、皆さんの生活は変わらないですよ」と、見えすいた〝ウソ〟を言い続けています。

しかし、実は文化は学習の産物であり、柔軟に変化していくものでもあります。

外国からいろいろな価値観を持った人が入ってくると、文化は徐々に変化します。変化した文化が、新しい日本の文化となります。

現実に、外国からやってきた人が日本で生活する中で、スーパーの棚に置いてある商品も変化してきましたし、マレーシアやミャンマーをはじめとする外国料理の店も増えました。お隣のマンションのオーナーが外国人、というケースも今では普通です。

だから、変化する文化を受け止めればいいのです。

歴史を振り返っても、日本は古くは中国から仏教を取り入れ、自国の文化として発展させてきました。

お菓子一つをとっても、外国の文化の影響を受けたものがたくさんあります。**日本語や日本文化が何百年も不変だったかと言えば、決してそうではありません。**

いろいろな文化を受け入れて、ミックスしながら新しい物を生み出してきたのが日本です。外国人を受け入れ、共存する余地は十分あるはずです。

もっとも、異なる文化を受け入れるにあたり、外国の人との付き合い方に慣れていないという課題はクリアする必要があります。ですから、一定のトレーニングはしておくべきです。

ところが、今の日本は、このトレーニングに正面から取り組もうとしないどころか、見当違いな構図を作って対応しようとしています。

端的に言うと、日本人と外国人の間に上下関係を作り、日本人の自尊心を保とうとする発想です。

昨今、外国人技能実習生をめぐり、不当な環境下で働かせていたのではないかという問題が取り沙汰されていますが、これなどが典型的な例です。

外国人を下の立場にすることで、相対的に日本の労働者を元気づかせようとする。これは、外国人はもとより、日本人をも愚弄する態度です。

堂々と、外国人の労働力が必要であると表明した上で、外国人が持っている文化や価値観や宗教も含めて、日本社会の一員として受け入れていけばいいのです。

このまま日本の労働環境が変わらなければ、日本と同じように労働者を必要とする国に、人材がどんどん流出する可能性が高まります。

その点において日本をリードしているのが、韓国や中国です。

韓国の移民政策は日本よりも優れていると、多くのアフリカの移民たちから耳にすることがあります。永住権や居住権が得られやすいため、韓国で働こうとする外国人は増加傾向にあります。私の周りでも、日本に在住していたアフリカ人が韓国への移住を決断したケースがあります。

しかも、韓国では日本と比較して外国人が起業しやすい環境があります。中国も、世界とのビジネスの結びつきを強化しています。

例えば、アフリカ開発会議（ＴＩＣＡＤ）という取り組みがあります。１９９３年以降、日本政府が主導して行ってきた、アフリカの開発をテーマとする国際会議です。これは当時、世界に例を見ないほど、アフリカの未来を考える上で最も画期的な取り組みでした。２０１９年、横浜で開催されたＴＩＣＡＤ７では、日本の１５６社・団体がアフリカで手がける事業を紹介するなど、アフリカビジネスに前向きな姿勢が報じられています。

しかし、「中国版ＴＩＣＡＤ」とも言われる中国・アフリカ協力フォーラム（ＦＯＣＡＣ）では、２０１８年に中国がアフリカ諸国に対し６００億ドルの支援を表明するなど、桁違いの規模で投資が行われています。

日本の中小企業は、ＴＩＣＡＤへの参画ニーズを持っているはずです。もっと世界とビジネスをする機会を作ればいいのに、と思わざるを得ません。

繰り返しますが、重要なのは外国の人を一方的に管理する姿勢ではなく、歩み寄る姿勢です。

上下関係などがない同じ人間として受け入れることで、日本の人は彼らからより多くを学べます。それが、より豊かになるための唯一の道なのです。

日本的な上下関係を乗り越えていく

本書を手に取ってくださっている人の中には、職場の人間関係、特に上司や先輩との人間関係に悩んでいる人がいるかもしれません。

上司や先輩というだけで偉そうにしている人は、おそらく多くの職場に存在します。大学業界も同じですから、よくわかります。

そもそも日本の組織において出世する理由は結構曖昧です。ある日突然課長や部長に昇進する人がいる一方で、逆に降格する人もいます。中には、ごますりや根回しを駆使して地位を向上させる人もいるでしょう。最近は変わって外資系企業のように評価制度を導入している会社もみられます。

いずれにしても明確な基準がないので、辞令を受けた人には疑問が残ります。

降格した人は、理由を推測するしかありません。

「あの仕事で結果が出なかったからかな。それとも、会議で会社の方針を批判するような発言をしたからだろうか」

そんなふうに臆測して悶々《もんもん》と過ごします。

一方、昇進した人の一部は素直に喜ぶことができません。

「本当は自分の能力は役職に見合っていないのではないか」

このように考えて恐縮します。

興味深いのは、そこで役職に相応しい人間であろうとして一生懸命努力する人がいることです。昇進をきっかけにスイッチが入って、人間的にも能力的にも成長できるケースがあるのは確かです。

ただ、残念ながらそういった人ばかりではありません。

自信が持てない弱い人ほど、権力を利用して横暴に振る舞います。周りの人たちは、「能力的には私のほうが上なのに納得がいかない」と不満をため込んでいきます。

そうやってバラバラになっている職場もあります。

理想を言えば、「どういう能力があれば昇進できるのか」という基準を明確にするのが望ましいでしょう。昇進の理由を職場で共有できれば、上下関係のトラブルの多くは解消します。

ただ、それを実現するには一朝一夕ではいきません。

若い人にもできる取り組みがあるとすれば、理想の上司像や先輩像を描くことです。今の若い人たちには、自分の上司や先輩の姿に辟易するあまり、昇進自体を拒否する人も増えています。気持ちはわからないでもないですが、そうやって責任を回避するやり方も違うと思います。

現代は、若い人のほうが優れている分野もたくさんあります。情報にアクセスするスキルなどは、彼らに分があります。若い人だからこそ知っている情報もあります。

一方で年上の人には経験値があります。年上の人が、若い人の話に耳を傾けて協調すれば、大きな成果を挙げられるはずです。

そういった仕事のやり方を、可能な範囲で追求すべきです。

会社では「上が言っているから」「上が納得しなければ」など、ことあるごとに「上」という言葉を使います。

けれども、本当は「上」が一番偉いわけではありません。

偉い・偉くないを超えた上下関係を作れるかどうかは、皆さんたち若い世代にかかっているのです。

どの国で働いても「日本人」であり続ける

皆さんは将来的に外国で働いてみたいと考えたことはあるでしょうか。外国で働く経験は、何においてもプラスに働きます。私も外国で働こうとする若者を応援しています。

そこで、外国で働くときの注意点をまとめてみたいと思います。

日本人が外国で働く場合、大きく二つのコースに分かれます。一つは、企業の駐在員として派遣されるコースです。実は、駐在員として外国勤務する人の中に、働き方を間違えて失敗してしまう人がいます。

というのも、日本企業の多くは、駐在員を「タフかどうか」で選びます。要するに、体育会系の人を優先的に外国に送り込むことが多いと聞きます。

タフさを理由に選ばれた駐在員は、仕事をするときもタフであろうとします。自分が慣れ親しんだ厳しい上下関係を外国に持ち込み、強硬な管理体制を取ろうとします。一方、現地の日系企業で働く人たちには、その国のエリートが多く、駐在員よりも深い知識と技術を有しています。

本当は、そういった現地の人たちと同じ目線に立ち、謙虚に教えてもらう姿勢で接すれば、みんなの能力を活かして成果を挙げることができるはずです。

しかし、多くの駐在員は、自分の知識や技術のなさをコンプレックスに感じます。コンプレックスをカバーしようとして、高圧的な態度に出ます。

結果、素直になれず人間関係もぎくしゃくしたものになります。中にはメンタル疾患に陥ってしまう人もいるのです。

駐在員として派遣される人は、もっと相手の文化に興味を持つべきです。相手の文化に興味を持てば、自分の文化も再発見できます。自分自身を再発見する手段として、相手の文化を知ろうとする姿勢が大切です。

さて、もう一つのコースである、駐在員以外として外国で働く人は、自分の意思で選択して外国に出る人が多いので、適応性が高い印象があります。

私が知っている範囲でも、このコースの人たちは高度な知識を持ち、現地の人たちと交流の機会を持ちながら仕事をしています。そういった姿を好ましく見ています。

彼らの中には、日本社会に息苦しさを感じて外国に飛び出す人も多いかもしれません。ただ、外国に出れば、「日本人」として見られます。日本らしさを要求される場面も出てきます。

現地の人たちの中に溶け込み、その文化に触れる中で、改めて日本文化の魅力に気づく瞬間があります。もう一度日本的なアドバンテージを認め、それを活かしていけば、より素晴らしい仕事や生活ができるはずです。

私自身、**日本に住み、日本で仕事をするようになり、より深く「マリ人」になれたと認識しています。**

来日する前、私はマリの否定的な部分をたくさん見ていました。けれども、日本に来てから、親身になって近所のおばあさんの面倒を見たり、挨拶を大事にしたりするマリ流コミュニケーションの魅力を再発見しました。

私は、日本に同化するつもりはなく、マリ人としてのアイデンティティをキープしながら日本社会の一員として生活していきたいと考えています。「マリアンジャパニーズでええんちゃうかな」という感じでしょうか。

日本には「郷に入れば郷に従え」ということわざがあります。「外国で働くなら、その国の価値観に従わなければならない」と解釈できます。

けれども、現実には、自国の文化を大切にできない人が外国でうまくやっていくのは困難です。

外国で働き続けるときの条件の一つは、自分の足元がきちんと見えていることです。自分の足元が見えていないと、相手に流されるばかりで自分を見失ってしまいます。

だから、京都精華大学の学生たちにも、私は繰り返しこう伝えています。

「外国語ができるだけでグローバル人間になったつもりでは駄目ですよ。外国に行くと、『うちの国ではこうなんだけど、日本ではどうですか』と必ず聞かれます。そのときに答えられないようでは困りますよ」

私も、大学のスタッフたちに、「これって日本ではどうするんですか？」と、あえて問いかけるようにしています。日本の良さに自ら気づいてほしいからです。

外国に出たときには、「自分が日本を代表している」くらいの気概を持つべきです。

実際、マリの国費で国を出るときに私が言われたことです。大使の挨拶でも、全員がマリ代表で大使と同様だと言われ続けています。

日本の悪口を言われると、ほとんどの日本人が怒ります。私が語学学校で教師をしていた時代、日本人の生徒と食事に行くと、しばしばこんな言葉を耳にすることがありました。

「私はあの先生が嫌いなんです。だって、いつも日本の悪口言っているじゃないですか。だったら日本で仕事なんかしなければいいのに」

自分の国をけなされると怒るのは、自分の国を代表しているメンタリティになっている証《あかし》です。ネガティブなことを言われて怒るのに、ポジティブな発信はしないのはおかしな話です。

もっと堂々と日本のいいところを誇ってよいのではないでしょうか。

失われたリーダーシップを取り戻す

日本人の仕事の性質でよく言われることとして、職人気質が第一に挙げられます。手を抜かずに、見えないところまで行き届いた仕事をする。顧客の満足を徹底的に追求する。

これが日本の職人気質であり、優れた点でもあります。

かつては日本製の物はクオリティが高い反面、新興国の類似品に比べると値段が高いという印象が強くありました。

しかし、近年は、世界的に日本製の物は安すぎるとの認識が共有されつつあります。世界を見渡せば、日本に比べてクオリティに劣る製品が同じくらいの値段で売られているケースさえあるのです。

高度なクオリティとサービスを廉価《れんか》で提供するのは、日本の職人らしい美点の一つです。例えば日本車などを見ても、それを強く感じます。

この日本の職人気質を活かしながら仕事をしていく上では、伝統的な職人の工房型の働き方が有効です。言い換えれば、ワークシェアをすべきです。

実は、**日本の職人の工房では、歴史的にワークシェアを重視してきました。**工房にはきちんと責任を持ったリーダーがいて、そのリーダーの下、役割を与えられたメンバーがチームで仕事をするのが工房型の働き方です。

つまり、日本人はもともとリーダーシップを持った働き方をしていたのです。

こういった工房型の働き方は効率も良く、クオリティの高い製品を生み出してきました。この伝統的な働き方をもう一度取り戻す必要があります。

ところが、今の日本の会社は、仕事を共有せずに属人化しようとする傾向が強くあります。

このままの働き方で、無理矢理残業を削減したり、効率化を図ったりしようとしても働いている人が苦しくなる一方です。

工房型の働き方を取り戻すにあたっては、それを指揮するリーダーの存在が重要です。残念ながら、今の日本の会社には、リーダーを育てる仕組みがほとんどありません。

会社によって、リーダー予備軍の育成の仕方と、リーダー以外の人材の育成の方法が根本的に異なります。

私は、リーダー育成に関してはたとえばアメリカ型にならい、きちんと育成していく必要があると考えています。そういった仕組みを確立すれば、リーダーになる人の自覚も高まります。

もちろん「女性」もどんどんリーダーになるべきです。日本の会社で女性の役職者が少ないのは、会社の制度のみならず、社会のサポートが足りないからでもあります。子育てや介護を女性に押しつけようとする風潮には大いに問題があるでしょう。今後、ジェンダーは関係なく産休や育休を取得した人がきちんとキャリアアップできるような社会構造を持つことが求められます。

その点において、ＡＩ化の進展は追い風になると期待できます。今は少ない人員で仕事を回しているため、誰かが休むと仕事が回らない現状があります。

そのため、子育てや介護などで時間的な制約を抱える人が出ると、みんなが陰で非難するようになります。

しかし、職場にどんどんＡＩやロボット等が導入されれば、時間的な制約を抱えた人も活躍できる余地が生まれます。もっとチームで仕事ができるようにもなるでしょう。

戦後、日本は小さな町工場を世界的な大企業へと発展させてきました。まさに工房が世界を席巻《せっけん》した歴史があります。

あのころのリーダーシップとチームワークを取り戻せば、日本の未来は明るいものになるに違いありません。

おわりに
ボーダーなき世界を生きる

私が京都精華大学の学長になったのは、学内の選挙で選ばれたからです。ただそれだけの、とてもシンプルなプロセスです。

ですが、日本の大学でアフリカ人が学長になるのは初めてでした。そのため、日本のメディアをはじめ、「ニューヨーク・タイムズ」や「ＢＢＣ」、フランスの国営ラジオ「Ｒｆｉ」、フランスの雑誌社などにあれこれ取材を受けるはめになりました。ついにはアフリカの雑誌で「世界のアフリカ人の中で最も影響力のある１００人」の一人に選ばれてしまいました。選挙で選ばれて学長になっただけで、世界に大きな影響を与えるような業績を挙げたわけではないのですから、自分自身が一番戸惑っています。

学長選挙で投票してくださった人たちも、「アフリカ人を学長に」などとは思っていなかったでしょう。

そう、そこが大きな意味を持っていますし、責任や誇りを感じる点でもあります。

「アフリカ人だから学長に」ではなく、「この人だから学長に」と推してくださる人たちがいたのです。

つまり、私の背景だけではなく、「個」を尊重してくれたのです。

本書の中で、これからの社会は、自立した個人たちがさまざまなことを共有していくことになるとお伝えしました。

では、そのような社会ではいったい何が起こるか。

予測される出来事の一つが、いまの国民国家という枠組みの変化です。

国民国家とは、「共通の文化」「共通の言語」などをもつ国民が主体となって作られる国家のことですが、人工的に作られた枠組みでもあります。

大地に国境線を引き、それぞれにナショナリズムを植え付け、無理矢理成立させている一種の「物語」でもあります。

例えばアフリカの国々は、歴史的にみるとヨーロッパの支配や影響を大きく受けながら都市化する過程で、強制的な国民国家が形成されてきました。

そのなかで、皆さんもご存じのように、同じ家族や民族が分断され、別々の国民に仕立て上げられた経緯があります。国家が異なるだけの理由で、そこに生きる同じ民族同士が強制的に反目させられてきたのです。

現在では、そういった分断をよしとせず、国民が国家に不信感を抱くようになっています。そして、国民国家に代わるものとして、地域の共同体や同じ場所の現実を共有するといったものの再生が図られています。広い意味で「国」という単位を超えた共同体が求められていくのです。西アフリカ経済共同体やアフリカ連合なども、その典型です。

いま一度、家族や種族のつながりを重視する生き方が求められているのです。

世界的に見て、今もナショナリズムを基盤に国民国家の維持を目指しているのは日本や韓国など、限られた一部の国だけになりました。

ヨーロッパでも（ブレグジットしたイギリスのような例外があるにせよ）、ＥＵを通じて統合しようとする流れは変わっていません。

今、ナショナリズム自体の信憑性は失われつつあります。

私は国民国家という概念に未来を見出していません。

地域共同体の中で、血縁とも無関係な、例えば興味や関心によって結びついた小集団が複数構成されていくのではないか、と予測しています。

これまでの共同体は、地縁、血縁に基づくものと、国家や都市、会社などで構成されるものの二つが存在してきました。

私は、そこに三つめの共同体の存在を夢見ています。

従来型の共同体は残りつつも、もっと多様な共同体のあり方が模索されると考えています。

現実に、これからを担う世代の人は、従来の共同体には価値を感じておらず、インターネットなどに居場所を求めています。

そこで彼らは、個であることにそれほどこだわってはいません。

自分と似たような関心を持っている個人とゆるやかに結びついて、何かを共有しようとしています。

すでに国家の手が届かない場所で、個々人が国境を越えてつながり、「人類」や「地球」という視点で物事を語っています。

これは、国民国家によって分断された「個を中心とした社会の再構築」だと捉えています。

私たちは自由に共同体を形成する大きな可能性に満ち溢れています。

そこで、あなたならどんな生き方をするでしょうか。

「これからの世界」を掴むための推薦書

優れた本を読むと、自分とは異なる経験を追体験し、これまでに気づかなかったような視点から物事を考えられるようになります。

読書で重要なのは答えを知ることではなく、読書を通じて自分自身が問いを立てることです。

ですから、皆さんにも答えを教えてくれるような本ではなく、自分が深く考えるきっかけになるような本を読んでほしいと思っています。

ここでは、私がこれまで読んだ本の中から、ほんの一部ですが若い人にお勧めしたい本をピックアップしてみました。

《多様性を広げる》

『アフリカのいのち-大地と人間の記憶／あるプール人の自叙伝』
（アマドゥ・ハンパテ バー著、樋口裕一・冨田高嗣・山口雅敏訳、新評論）

『黒い皮膚・白い仮面』
（フランツ・ファノン著、海老坂武・加藤晴久訳、みすず書房）

『文化人類学を学ぶ人のために』
（米山俊直・谷泰編、世界思想社）

『神の影』
（ヴェロニク・タジョ著、村田はるせ訳、エディション・エフ）

『オリエンタリズム(上・下)』
(エドワード・W・サイード著、板垣雄三・杉田英明監、今沢紀子訳、平凡社ライブラリー)

『ネルソン・マンデラ-自由へのたたかい』
(パム・ポラック、メグ・ベルヴィソ著、伊藤菜摘子訳、ポプラ社)

『信念に生きる-ネルソン・マンデラの行動哲学』
(リチャード・ステンゲル著、グロービス経営大学院訳、英治出版)

『受動的抵抗の理論と実行』(マハトマ・ガンジー著、福永渙訳)

『走ることは、生きること
五輪金メダリスト ジェシー・オーエンスの物語』
(ジェフ・バーリンゲーム著、古川哲史・三浦誉史加・井上摩紀訳、晃洋書房)

《世界の構造を捉える》

『ダライ・ラマ自伝』
（ダライ・ラマ著、山際素男訳、文春文庫）

『入門・世界システム分析』
（イマニュエル・ウォーラーステイン著、山下範久訳、藤原書店）

『近代世界システム(IV)-中道自由主義の勝利』
（イマニュエル・ウォーラーステイン著、川北稔訳、名古屋大学出版会）

『サピエンス全史-文明の構造と人類の幸福（上・下）』
（ユヴァル・ノア・ハラリ著、柴田裕之訳、河出書房新社）

『ホモ・デウス-テクノロジーとサピエンスの未来(上・下)』
(ユヴァル・ノア・ハラリ著、柴田裕之訳、河出書房新社)
『ソーシャルメディアと公共性-リスク社会のソーシャル・キャピタル』
(遠藤薫編、東京大学出版会)
『公共性の構造転換-市民社会の一カテゴリーについての探究』
(ユルゲン・ハーバーマス著、細谷貞雄・山田正行訳、未来社)
『公共性の喪失』
(リチャード・セネット著、北山克彦・高階悟訳、晶文社)
『趣都の誕生-萌える都市アキハバラ』
(森川嘉一郎著、幻冬舎文庫)

≪思考を鍛える≫

『「家族」と「幸福」の戦後史』
（三浦展著、講談社現代新書）

『すまい考今学』『町づくりの思想』『すまいの思想』『住み方の記』ほか、西山夘三氏の著作

『実存主義とは何か』
（J-P・サルトル著、伊吹武彦訳、人文書院）

『人間の条件』
（ハンナ・アレント著、志水速雄訳、ちくま学芸文庫）

『自由の問題』
（岡本清一著、岩波新書）

『自由論』
（ミル著、斉藤悦則訳、光文社古典新訳文庫）

『スティーブ・ジョブズ（Ⅰ・Ⅱ）』
（ウォルター・アイザックソン著、井口耕二訳、講談社）

『「原因」と「結果」の法則』
（ジェームズ・アレン著、坂本貢一訳、サンマーク出版）

『武器になる哲学 人生を生き抜くための哲学・思想のキーコンセプト』
（山口周著、KADOKAWA）

ウスビ・サコ（Oussouby SACKO）

京都精華大学学長。博士（工学）。

1966年、マリ共和国生まれ。高校卒業と同時に国の奨学金を得て中国に留学。中国・北京語言大学、南京市の東南大学等に6年間滞在して建築学を実践的に学ぶ。

1990年、東京で短期のホームステイを経験し、アフリカに共通するような下町の文化に驚く。

1991年、来日。同年9月から京都大学大学院で建築計画を学ぶ。京都大学大学院建築学専攻博士課程修了後も日本学術振興会特別研究員として京都大学に残り、2001年に京都精華大学人文学部教員に着任。

専門は空間人類学。「京都の町屋再生」「コミュニティ再生」など社会と建築の関係性を様々な角度から調査研究している。2013年に人文学部学部長、2018年4月同大学学長に就任。日本初のアフリカ系大学長として、国内外のメディアから大きな注目を浴びている。

バンバラ語、英語、フランス語、中国語、関西弁を操るマルチリンガル。

「これからの世界《せかい》」を生《い》きる君《きみ》に伝《つた》えたいこと

2020年7月5日　第1刷発行

著者　ウスビ・サコ

発行者　佐藤 靖

発行所　大和《だいわ》書房
〒112-0014 東京都文京区関口1-33-4
03（3203）4511

編集協力　渡辺稔大
ブックデザイン　山之口正和（OKIKATA）
カバー写真　吉田亮人
カバー印刷　歩プロセス
本文印刷　厚徳社
製本　小泉製本

ISBN978-4-479-79731-9

乱丁・落丁本はお取替えいたします
http://www.daiwashobo.co.jp/